般若心經思想史

東初老和尚——著

竺摩長老序

《般若心經》自梵土迻譯我國，千年以來，深入民間，流行之盛，諸經無匹。不特學佛者能知能誦，雖老嫗豎子亦能知能誦；不特佛學家能註能解，非學佛者的外道旁門，亦多東剽西竊，能註能解；其見地雖有正邪之別，是非之分，其誠信與愛好此經，還如同出一轍。為何本經的流行會有如此弘盛呢？本書的作者究其原因凡三：一以簡明切要；二以適合口誦；三以涵義深遠。有此三因，故本經在我國，能透過各宗派教徒的學習與傳播，使之深入社會各階層，如洪水氾濫般流行在民間了。

從時代的眼光來看，《心經》雖是印度二千五百年前的古典法籍，但其不論在形式的體裁或理論的方式，都是很合乎現代化的辯證性或革命性的理論與形式的。辯證法上所講的正、反、合的理論方式，在《心經》中亦可以找出來：《心經》文中第一段從「觀自在菩薩行深般若波羅蜜多時」起，至「不生不滅，不垢不淨，不增不減」，是正面的理論；第二段從「是故空中無色，無受、想、行、識」，至「無智亦無得」，是反面的理論；第三段從「以無所得故，菩提薩埵，依般若波羅蜜多故……遠離顛倒夢想，究竟涅槃」，及

「三世諸佛依般若波羅蜜多故，得阿耨多羅三藐三菩提」，都是經過正反而合的理論。這與《金剛般若經》中所說的「眾生者，如來說非眾生，是名眾生」，「般若波羅蜜者，即非般若波羅蜜，是名般若波羅蜜」，有同等的意義，和同等的理論方式。

至於革命性的理論方式，是由消極的破壞，到積極的建設的，這在《般若心經》文裡，又是發揮得恰到好處；因《般若心經》的思想與理論，是全憑般若空慧的理智來破壞、掃蕩了一切雜染的垃圾，而重新建立起一切真淨妙麗的勝德。故本書說：「在般若的理智中有消極的破壞與積極的建設二大作用。」所以本經在消極的破壞方面，要說「五蘊皆空」，即從觀自在菩薩體驗甚深的般若智中，否定了自我的存在，達到諸法緣生性空的無我觀。再進一步的破壞，則不但「是故空中無色，無受、想、行、識」，而且還要「無智亦無得」，更否定了一切法相的存在，要破壞、掃蕩到渣滓不留，才顯出絕相泯智的真空中道是什麼一回事。可見在這大掃蕩的破壞性中，已含有建設性的意味，故接著說「度一切苦厄」，及「以無所得故」而「遠離顛倒夢想，究竟涅槃」。在本書中，以觀自在菩薩度一切苦厄，是解脫道與救濟道的運行，即從大掃蕩和大破壞中解脫了自己的苦厄，同時也能救濟了一切眾生的苦厄，則佛法中所講的一切大悲無我的真淨勝德，都從這掃蕩、破壞裡面重新地建設了起來。若依此理推廣言之，這不獨《般若心經》為然，一切佛法的大悲無我的真淨勝德，都是從般若空慧的理智中經過一番蕩垢滌污的消毒作用，始能把它重新建設起來的。如佛法中所說的空、無常、無我、無法、無相、無願、無作，都是在破壞方面的掃蕩工作；如說常、樂、我、淨、菩提，這些又都是在建設方面的完成。這樣看來，佛法的思想理論，正是一種富於涅槃革命性的思想理論。而現在這部《般若心經思想史》，正是揭發這種深微而偉大的思想理論；且從有組織、有條理中作具體的表現，使人讀了，對佛教哲理的幽深微妙，不禁發出「仰之彌高，鑽之彌堅」的驚歎聲！

《心經》全文，只有二百六十字，而言約義豐，文質理詣，不但為六百卷《大般若經》的中心思想，亦是諸部般若的精髓結晶。古今講解極盛，註疏無慮數百家之多；但求其組織新型，思想入化，描畫精細，文字善巧如此書者，真是渺不可得。此書作者東初學長，與我一別二十年，學德內充，願力外溢，法化之弘，拜佩莫名！近禁足關房，潛心大藏，讀《大般若經》文，發現其與《心經》原文相同者頗多，乃參酌日人保阪玉泉依《心經》而寫的《佛教概論》，著成此書，對於《心經》在全部佛教中的地位、史要、組織、使命、思想發展的過程，與融攝佛法的精義，作深密明晰的闡述，頗能言所未言，發所未發。《般若心經》的思想，得此探討與觀察，可謂登峰造極，堪歎觀止了。

癸巳六月竺摩序於香港沙田南圍別業無盡燈社之篆香畫室

自序

余於三十八年（一九四九年）春，飄來寶島，掛單於北投法藏寺。三十九年（一九五〇年）冬，掩關閱藏，初閱《大般若》，即發現類似《心經》原文處——因《心經》為《大般若》所不攝——後閱《大品般若》始悉《心經》來處。乃參酌窺基大師的《心經幽贊》，慧淨、靖邁之《心經疏》；及保阪玉泉基於《心經》所寫的《佛教概論》，初草閱經筆記。後應《人生》雜誌稿荒，始整理成篇。故於文理上設有不妥處，尚祈讀者諸君指教。

東初老人德相。

漢譯諸部般若，總共七百四十七卷，以玄奘法師經四年譯成之六百卷《大般若》為最鉅，此為集諸部般若之大成。對各部般若弘傳方面，曾參考經錄、高僧傳及今津之般若經等，作閱經筆記，題為〈般若部系觀〉載《人生》雜誌刊登——今更名為〈般若弘傳史要〉——此對校閱諸部般若譯本異同不無幫助，故附錄於後！

承本際法師冒暑代懇于院長題書，竺摩學長作序，使本書增色不少。復承蔡孝煖大居士樂助淨資，心悟同事熱心校對，本書得以迅速出世，誠諸大菩薩之功德也，特此誌謝！

佛曆二五一六年八月十日東初序於般若關房

東初老人略傳

一九〇七年，東初老人出生於江蘇省泰縣曲塘鎮，俗姓范，排行第四。十三歲時，由泰縣姜堰鎮觀音庵的靜禪老和尚披剃出家，誦習教法。東初老人自幼崇尚古人的智慧，研讀佛經之外，對於經史百家之學也頗多涉獵。他勤讀強記，自律甚嚴，又寫得一手好文章，所以深得靜禪老和尚的讚許，認為他是未來弘揚佛法的人才。

一九二八年，東初老人到鎮江竹林寺的佛學院求學；一九二九年，到寶華山隆昌寺，受具足戒。第二年便辭別他的師父靜禪老和尚，到各方參學；先到九華山，在寄塵上人主持的佛學院修學，隨即又到福建廈門，進入太虛大師所創辦的閩南佛學院繼續深造，先後期的同學有印順、竺摩、戒德、默如、慈航、雨曇、覺民等法師，都是一時的俊秀。東初老人濡沐在當時佛教界的最高學府中，對日後的治學和研究工作，產生了一定的影響。

一九三四年，東初老人和雪煩法師，到常州天寧寺禪堂，親聆證蓮老和尚教誨，經過一年時間的參究，奠定了禪定工夫的深厚基礎。第二年又和雪煩法師參禮鎮江焦山定慧寺，接受智光、淨嚴老和尚的授記，擔任監院的職務，整理寺產、主辦僧才教育。

一九四六年，東初老人繼任定慧寺方丈，兼任焦山佛學院院長，以及《中流》月刊發行人，廣為弘揚佛法。那一年，太虛大師飛抵焦山，委請東初老人主辦中國佛教會會員訓練班，集合了九省三市一百二十餘名比丘，實施行政工作的訓練；東初老人有鑑於戰後社會的條件，特別在訓練班裡創辦工讀社，購置織布機等設備，倡導僧眾自力更生的觀念。

一九四九年，東初老人因為時代的戰亂，來台暫時駐錫於台北市善導寺，得到南亭長老、成一法師以及張少齊、張清揚等居士的護持，創辦《人生》月刊，以文字般若宣揚佛法，發行網擴展到東南亞及新大陸各地，成為當時大陸以外華人社會最受歡迎的一份佛教刊物。

一九五〇年，在北投法藏寺閉關潛修，在關中三年閱讀經藏，勤奮精進。在這期間，東初老人即完成了《般若心經思想史》，宏觀地分析了《心經》的結構，以及《心經》在佛教史上的地位。出關以後，東初老人更積極地推展佛教文化教育工作，籌建「中華佛教文化館」，東初老人親自參與工作，可以說是篳路藍縷，以啟山林，於一九五五年破土，一九五六年興建落成，除了從事佛教文化出版工作，每年更舉辦貧民救濟救災的工作，受到嘉惠的貧民不知凡幾。

一九五五年，東初老人倡導助印《大正新脩大藏經》，社會各界賢達百餘人發表支持，一時間海內外佛教徒群起響應，總計影印八百部；接著又籌印《續藏》五百餘部，前後五年始告完成，開數十年來佛教界之盛況，為當時乾涸之佛教文化，注入救命活血的養分，重振佛教文化。

一九六五年，東初老人創辦《佛教文化》季刊；一九六七年，中華學術院聘請為該院佛學研究所顧問，從此少涉外務，專事佛教著作以及研究工作。一九六九年東遊日本，搜集有關史料，拜訪當地佛教界領袖、著名學者，促進文化學術交流，並因此完成了《中日佛教交通史》的撰述。一九七一年，為了完成《中印佛教交通史》，專程到印度巡禮佛教聖蹟、蒐羅史料，在歸程還順道訪問了東南亞各國，應邀弘法演講。在他的晚年，因為深感護教弘法必須以歷史為基礎，所以精心致力完成了《中日佛教交通史》、《中印佛教交通史》、《中國佛教近代史》三部鉅著。

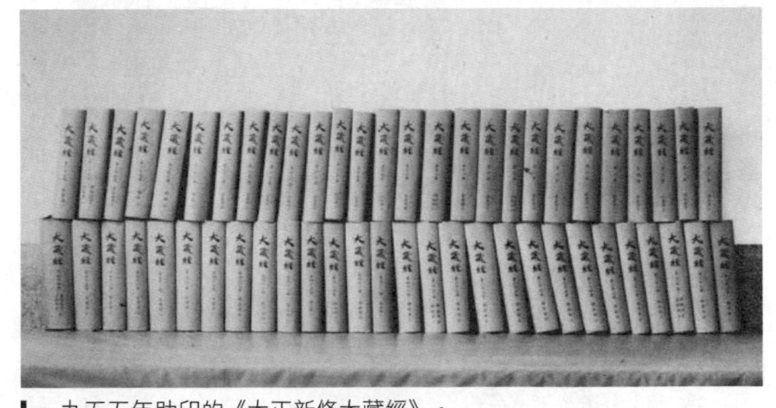

一九五五年助印的《大正新脩大藏經》。

一九七六年秋，東初老人訪美回國後，由於旅途勞頓，曾經一度病倒，不久便恢復健康。一九七七年十一月三日，在他的七十歲壽辰，還與皈依弟子方甯書居士旅遊花蓮天祥，至為愉快。到了十二月十五日傍晚，用完藥石，即吩咐煮飯的住眾明天不要煮他的早飯，沐浴後走上二樓的臥室，不久就安詳地端坐在沙發上示寂了。

東初老人一生少欲知足，過著節儉刻苦的生活；一塊豆腐乳要分成兩餐吃，在他主持的「中華佛教文化館」裡，最好的菜也只是一碟炒花生米和一盤白水豆腐，一斤花生米可以吃上個把月，東初老人和十位住眾每個月的花費僅四千元台幣，可他從來不叫窮，他生前曾經自豪地說：「我沒有向人家借過錢，只有人家欠我的，我沒有欠過人家的。」他「嚴以律己，寬以待人」的處事態度和理財風格，對後人多所啟發。

東初老人終其一生，都以佛教文化教育為志業，念茲在茲，為法忘軀，稱得上是台灣佛教界的文化先驅。老人生前著作豐富，示寂後結集成《東初老人全集》，計有：一、《中國佛教近代史》上、下冊，二、《中日佛教交通史》，三、《中印佛教交通史》，四、《佛法真義》、《禪學真義》等五冊合訂，五、《民主世紀的佛教》等三冊合訂，六、《補編》，七、《東初老和尚永懷集》。其中思想的超邁、見解的弘深，為佛教學術研究樹立了典範，也留給後人無盡地懷思。

▌東初老人以佛教文化教育為一生志業，是台灣佛教界的文化先驅。

▌東初老人的貧民救濟救災，嘉惠無數貧民。

目錄

一、般若心經於教史上的地位

漢譯一切經典，要以「般若部」為最大的部數，總共七百四十七卷。要在這最大部數經典中選擇一部簡括而具足般若精要的意義，且為眾人所共同信仰代表的經典，當以《般若波羅蜜多心經》為最適當。此經簡稱《般若心經》或《心經》。因為於佛教中無論哪一宗派未有不讀《心經》的，就是不大研究佛學的在家眾，也沒有不尊重《心經》，所以佛教經典流傳民間最普遍、最深入的，就是《心經》。然《心經》之所以流通民間最普遍，究其原因：

㈠ 經意簡明，《心經》字數不多，總共二百六十字，不及其他《般若經》、《金剛經》等繁多。

㈡ 適合口調，容易誦讀，即如「色即是空，空即是色」一類，不像其他經咒語句深奧。

㈢ 涵義深遠，即如「是諸法空相，不生不滅，不垢不淨」，是明詮諸法實相真理。

(四)適合現前的利益，即如「是大明咒，能除一切苦」，這是讀誦《般若》，現前得到快慰的利益。「菩提薩埵，依般若……遠離顛倒夢想，究竟涅槃。三世諸佛依般若波羅蜜多故，得阿耨多羅三藐三菩提」。

因為有這許多的原因，所以《心經》流通最普遍而深入民心。

同時，《般若心經》的組織嚴密有序，幾乎隻字不可更動。並且把佛教所有的教乘，從人乘到佛乘差不多都網羅在內，特別彰顯反對有宗❶的空觀❷思想，所以解釋《心經》的文字，必須注意正反對照的解釋。《心經》在正的方面，包括有、空二大系統的思想，亦即是代表全體佛教經典；在反的方面，從凡夫、小乘佛教到大乘佛教發達，為過渡時期思想代表的經典。故負有承先啟後思想的責任，及聯繫前後時代思想的任務，特別是小乘思想與大乘的教義並行。也可說正的方面，為大乘佛教的縮寫，或曰結晶；反的方面，是包括從小乘到大乘及大、小二乘佛教的結晶。

原始佛教後來的發展，分為南方佛教與北方佛教。佛滅後百餘年間，教團思想漸起分化，至佛滅後二百年（西紀前三世紀），出世保護佛教發展的，即中天竺❸摩竭陀國孔雀王朝統一印度的阿育王，他派遣國內及國外十數人傳道師，發展佛教。太子摩哂陀出家後，被派為傳道師之一，為傳佛教於師子國（今斯里蘭卡）之第一人。從此佛教漸漸輸入錫蘭（今斯里蘭卡），經典的編輯，次第傳播於緬甸、暹邏（今泰國）、印度支那（今中南半島）東方諸國，今日方興未艾，這些地方的佛教，稱為南方佛教。

因為阿育王時代派遣許多傳道師，把佛教傳播於中外，佛教教團的範圍特別發達。因為教團範圍過大，所以教徒意見發生分裂，從此在中天竺原本一向和合的教團漸漸分為保守、進步的二大派。阿育王的時代，進步派的首領摩訶提婆（大天），提倡新佛教，遭保守耆宿派的反對。後來保守派捨去中天竺，移到北天竺的迦濕彌羅國，以此處為根據地另組織教團。佛教教團從此於地理上分裂為中、北二天。中天竺進步派，稱為大眾部，以《般若》為主；北天竺保守派，稱為上座部，以《阿含》為主。中、北二天的佛教，傳入南方，同時也傳播北方，以及大乘佛教漸漸越過喜馬拉雅山，經過西域地方，即中亞細亞，次第傳入中國、西藏、蒙古、朝鮮、日本。弘傳於印度北方的佛教，稱為北方佛教。

南、北二地的佛教，不僅是地理上的分別，同時在佛教經典上也有不同。當時佛陀說法的語言，不外乎兩種：一是巴利語，這是印度古代的通俗語，即談話俗語；一是梵語，即古代的聖典語，也就是文章語，但兩者語言原來是相同的。現今南方佛典用巴利語所記載，即如《五尼柯耶》❹以及《大品》、《小品》等律部主要的典籍。《五尼柯耶》相當北方的《四阿含》，其律部與北方所傳的《四分律》❺大同小異。從根本說：南、北沒有多大的分別，北方的經典用梵語所記載，北方所傳一切經的原典的代表，現都存於雪山邊的尼泊爾，為英人所輯集。在這些梵語的經典中，例如：《華嚴經》、《法華經》、《般若經》、律部原典，都為梵語記載。所以要研究南方佛教，需學巴利文；要研究北方的佛教，則需學梵文。

若從南、北佛教教義上比較，則南方佛教，為主的是小乘佛教；北方佛教，是小乘及大乘的佛教。小乘佛教為自利山林的佛教，大乘佛教為利他社會的佛教。佛教經典最古者，就是《阿含》與《般若》，前者為實有主義的思想，後者為空觀主義的思想；前者為保守的，後者為進步的。故徵諸兩派經典成立的史實，《阿含經》為北方佛教代表的經典，屬上座部；《般若經》為中天佛教代表的經典，屬大眾部。般若譯為智慧，《般若經》中到處揮著智慧劍，以空、無、不、非等否定的文字，發揮空觀的思想。《般若經》為中天佛教代表的經典，《般若心經》無疑地屬於中天佛教思想系統，是故《心經》於中、北二地佛教教史上屬於進步派的思想系統。

註釋

❶有宗：指主張諸法為「有」的宗派。以小乘佛教之「說一切有部」為代表，偏於現實形相之有。

❷空觀：又作從假入空觀、二諦觀。空者，離性離相之義。謂觀一念之心，不在內、不在外、不在中間，稱之為空。

❸中天竺：中古時期，印度的中央地區之諸國，稱為中天竺。

❹《五尼柯耶》：尼柯耶（Nikāya）意譯為會眾、部派、部、類。如巴利語之長部、中部、相應部、增支部、小部等合稱五尼柯耶。

❺《四分律》：是印度上座部系統法藏部所傳的戒律。

二、般若經發達的史要

原始佛教代表的經典，就是《阿含》與《般若》，也就是實有與空觀的兩大思想。佛滅後六、七百年，中天竺進步派的大眾部龍樹、提婆出世，倡導實相大乘教。佛滅後八、九百年，北天竺保守派的上座部無著、世親出世，倡導緣起大乘教。兩系大乘教在時間上只相隔一、二百年的前後，兩系的不同，實受保守與進步思想的影響。中天竺的大眾部空觀思想大乘化後，即中天竺大乘中觀派。北天竺的上座部實有思想大乘化後，即北天竺大乘瑜伽派，這是印度佛教兩大學派。前者以龍樹《中觀論》為中心，在空間上分攝宇宙萬有實相為目的。但大眾部的空觀思想，只是般若實相價值的一面，或為通達實相的初步，故應以中道實相為正觀。此實相論系，若三論、天台、禪等都屬於這一系統。後者以彌勒《瑜伽論》為中心，在時間上以探求宇宙萬有的根源，以究明萬有生滅緣起的真相為目的，這是緣起論系，是繼承北天竺實有的思想。例如《俱舍論》、《唯識論》、《大乘起信論》，都為緣起論系的代表。《俱舍論》遠承《阿含》小乘有部經典。《唯識論》、

《起信論》、《解深密經》、《華嚴經》、《楞伽經》、《勝鬘獅子吼經》等，為繼承彌勒的《瑜伽論》，及無著的《攝大乘論》等。故要了知中、北二天的大、小乘系統，在思想內容上可分為：空宗中觀派實相論系與有宗瑜伽派緣起論系兩大系統。《般若心經》無疑地屬於前者實相論系。

漢譯諸品般若，總共七百四十七卷，以玄奘法師所譯六百卷《大般若》為最鉅。般若系的經典傳入中國，始自漢靈帝時代，竺佛朔、支婁迦讖譯出《道行經》❶為始，即所謂《小品般若》。曹魏朱士行繼起於西域于闐抄得般若正品梵書九十章，著人送回中土，由無羅叉、竺叔蘭等譯出《放光般若》，即所謂《大品般若》。《小品般若》、《文殊般若》等先後傳譯，這都屬般若系的別譯。至唐貞觀十九年（六四五年），玄奘法師從印度回國，始傳譯全部般若，名《大般若波羅蜜多經》，略稱《大般若經》。《大般若經》表面上看似一部經典，實際是編纂各種般若的集大成。將以前的舊譯諸部般若再為新譯。玄奘法師的六百卷《大般若經》，以四處十六會分類而組成。以往的舊譯諸部般若，僅有《仁王般若》及《般若心經》二部不在其中，其餘各種般若都攝於十六會《大般若》中。般若諸部原本的大部分，現仍存於印度、尼泊爾，梵本《十萬頌般若》、《八千頌般若》、《二萬五千頌般若》等可為其代表。《十萬頌般若》相當《大般若》第一會（從第一卷至四百卷）。《八千頌般若》相當《大般若》第四會（從第五三八卷至第五五五卷共十八卷），分《小品般若》、《道行經》等十二譯。《二萬五千頌般若》，即《大般若》第二會（第四〇一卷至第四七八卷共七十八卷），分譯為《放光般若》、《大品般若》等。故新譯《大般若經》與舊譯諸部的代表，以及現存原本大體都經譯出，這可供般若史家做為研究的資料。

前面說過，《般若經》屬於中天佛教系統代表的經典，依其內容，作前後比較的研究，其發達過程，顯然易見。《般若經》屬進步的大眾部系統的空宗，中觀派屬實相論系統大乘，於此可發現般若次第發達的經過。《般若經》原本有數部，都經別譯。《大般若經》分四處十六會，但其前後思想不同。各部各會並非一時成立的，傳有「二十二年般若談」之說，所以《般若經》的思想發展，有「原始般若」、「小乘般若」、「大乘般若」，以及「密教般若」等次第分別。要而言之，以歷史觀點考察各種般若成立的前後，《大般若》第一會為最原始的，次為第四會，即《小品般若》，有原始的面貌。然後是第二會，即《大品般若》，故說《大品般若》為《小品般若》註解的敷演，應為《小品》之後所成立。其餘諸會即《文殊般若》等都為《大品》以後成立者。第四會《小品般若》，為佛十大弟子中解空第一的須菩提，即具壽善現❷所說。

註釋

❶《道行經》：即《道行般若經》，凡十卷，為現存《般若波羅蜜經》譯本之最古者。

❷具壽善現：具壽，乃對佛弟子、阿羅漢等之尊稱，又指具足智慧與德行，得受尊敬的人。善現，梵語 Subhūti，音譯即為須菩提，又稱善現、善業，為佛陀十大弟子之一，譽為解空第一。

三、般若心經與般若經的關係

前章說過：《般若心經》，為六百卷的《大般若經》所不攝，但《般若心經》是從何處而來？它乃是集合諸部《般若》的精要心髓而成。所以《心經》的「心」字，不是指思慮分別的心，而是梵語 Hṛdaya（汗栗馱）的意譯。所謂汗栗馱，就是積集精要的意思，所以這裡的「心」，乃取心髓、精要、中心等義。故唐代的實叉難陀譯為《摩訶般若髓心經》，正是取精髓之意。《心經》的全名為《摩訶般若波羅蜜多心經》（Mahā-prajñā-pāramitā-hṛdaya-sūtra），摩訶意譯為「大」，所以它是《大般若波羅蜜多經》六百卷的心髓精要的結晶體，故名為《心經》。因為般若部特別發達，故產生諸多《般若經》，今要縮凝諸種《般若》而成一簡括的概要者，就是《心經》。熟讀一卷《心經》就等於如實地讀畢了六百卷《大般若》，亦可說具體地了解了般若精要。

《心經》，是六百卷《大般若》的精要，也是《大般若》的結晶體。《心經》雖不攝於《大般若經》內，但在《大般若》第二會〈第二分觀照品第三之二〉，其異譯為《大品般若》〈習應品第三〉的一段，頗與《心經》類似。有說這段原文當為《心經》的原型，或說《心經》是根據這段經文所組成獨立的經典。於此不特可觀見《大般若經》的精要，亦可窺見《心經》組織的來源。

茲試引《大般若》〈觀照品第三之二〉的一段：

> 舍利子！色不異空，空不異色；色即是空，空即是色。受、想、行、識不異空，空不異受、想、行、識……舍利子！是諸法空相，不生不滅，不染不淨，不增不減。非過去，非未來，非現在。如是空中無色，無受、想、行、識。無眼處……無眼界……意識界。無無明，亦無無明滅，乃至無老死……無苦聖諦，無集、滅、道聖諦。無得，無現觀……。

再引《大品般若》〈習應品第三〉之一段：

> 舍利弗！色不異空，空不異色；色即是空，空即是色。受、想、行、識亦如是。舍利弗！是諸法空相：不生不滅，不垢不淨，不增不減；是

空法非過去，非未來，非現在。是故空中無色，無受、想、行、識。無眼、耳、鼻、舌、身、意，無色、聲、香、味、觸、法。無眼界乃至無意識界。亦無無明，亦無無明盡；乃至無老死，亦無老死盡。無苦、集、滅、道。亦無智，亦無得。……。

這兩段文，後者是前者的異譯，若與《心經》本文對照，是該怎樣地相似！由此可無疑地肯定《心經》構造是依據這段經文為主體，依經的形式，再附加前後的文段而成。所以《心經》的說法主——觀自在菩薩，也有研究的必要。聽法者與《大品般若》之文同，為智慧第一的舍利弗（弗譯為子，舍利子與舍利弗相同）。但《大品般若》的說法主為佛陀，在《大品般若經》證信序中雖有觀世音菩薩，但非是說法主，經中說法主為佛及須菩提、舍利弗、富樓那。所以《心經》開始，先以「觀自在菩薩行深般若波羅蜜多時，照見五蘊皆空，度一切苦厄」作為啟行，接著是「舍利子！色不異空，空不異色」等。這段文句在語氣上是可以連接的，但在般若意義上似有點突然而來的樣子。「觀自在菩薩，行深般若波羅蜜多時，照見五蘊皆空」，這時候，觀自在菩薩是在說法呢？還是在修觀呢？有的說觀自在菩薩是把自己修證的經驗說出告訴舍利弗；有的說顯示觀自在菩薩正由觀照般若而入實相般若。然而在行深般若的時候，何以又會忽然對舍利弗說起法來？以修觀時，即非說法時；且一切經首都有六種成就，所謂信成就、聞成就、時成就、主成就、處成就以及眾成就，以證明經典的由來。《心經》既沒有六種成就，也就沒有眾成就的聽者舍利弗；現在忽然喚舍利子，乃至「色不異空，空不異色」卻有點事出突然。要解答這些問題，當然就要追求《心經》的來源，也就是要研究〈習應品第三〉全文。〈習應品第三〉，佛初對舍利弗說：「菩薩摩訶薩如能修持般若七空相（性空、自相空、諸法空、無所得空、無法空、有法空、無法有法空），才能與般若波羅蜜多相應。」現在請看〈習應品第三〉原文：

「佛告舍利弗：『菩薩摩訶薩習應七空時，不見色若相應若不相應，不見受、想、行、識若相應若不相應；不見色若生相若滅相，不見受、想、行、識若生相若滅相；不見色若垢相若淨相，不見受、想、行、識若垢相若淨相。不見色與受合，不見受與想合，不見想與行合，不見行與識合。何以故？無有法與法合者，其性空故。舍利弗！色空中無有色，受、想、行、識空中無有識。舍利弗！色空故無惱壞相，受空故無受相，想空故無知相，行空故無作相，識空故無覺相。何以故？舍利弗！色不異空，空不異色；色即是空，空即是色……」如是接下《心經》文。

我們看了這段文後，就能具體了解《心經》中的舍利弗及「色不異空，空不異色」的由來，以及佛說諸法性空相的根據。《心經》中的「不生不滅，不垢不淨，不增不減」是解釋上文七空相。不生不滅解釋「性空」，不垢不淨解釋「自相空」，不增不減解釋「無所得空」。而正憶修持般若的不是觀自在菩薩，乃是菩薩摩訶薩。而觀自在也不一定專指觀世音菩薩，初地菩薩斷除我執，四地菩薩斷除法執，人法二空，悲智齊證，真俗雙行，觀一切境界皆得自在，佛稱為自在王如來，何獨觀世音菩薩稱自在呢？在《大樂金剛真實三昧耶經般若波羅蜜多理趣釋》說：「無量壽如來若於淨妙佛國土現成佛身，住雜染五濁世界，則為觀自在菩薩。」這無量壽與觀自在菩薩僅有淨、染世界的分別。《心經》將菩薩摩訶薩，改為「觀自在菩薩」，並在所行的般若波羅蜜多，又加上深字，說行深般若波羅蜜多，也是採用《大品般若》中深般若的，這無非要顯觀自在菩薩的偉大。把這段經文了解後，就知道前說觀自在菩薩喚舍利弗，是誤解了意思。這是《心經》內容應了解的一點。再說《心經》最後的一段：

故知般若波羅蜜多，是大神咒，是大明咒，……即說咒曰，揭諦揭諦，波羅揭諦，波羅僧揭諦，菩提薩婆訶。

這段經文出於《大般若》〈第二分功德品第三十二〉，即《大品般若》〈勸持品第三十四〉。先引《大般若》〈功德品文〉：

是大神咒，是大明咒，是無上咒，是無等等咒，是一切咒王……。能伏一切，不為一切之所降伏。

這裡的所謂降伏，即是能除一切惡不善法，能攝一切殊勝善，亦即達到《心經》的「度一切苦厄」。

又《大品般若》〈大明品第三十二〉：

是般若波羅蜜，是大明咒，是無上咒……學是大明咒，故得阿耨多羅三藐三菩提。

又《大品般若》〈勸持品第三十四〉中的一段：

般若波羅蜜，是大明咒，無上明咒，無等等明咒……能除一切不善，能與一切善法。

由此可了知《心經》中的經文「故知般若波羅蜜多，是大神咒，是大明咒，是無上咒，是無等等咒……真實不虛」的來歷，這與《大般若》及《大品般若》中的咒文是何等相似！簡直如出一轍。在《大品般若》中，並且廣義地演譯正憶修持般若的功德，「終不中毒死，兵刃不傷，水火不害，乃至四百四病所不能中，除其宿命業報」。……以及「終不墮三惡道，受身貌具，終不生貧窮下賤、工師、除廁人、擔死人家。常得三十二相，常得化生，生諸現在佛國，……漸得阿耨多羅三藐三菩提」。於是演出《心經》的「能除一切苦，真實不虛」之語。

再談「揭諦揭諦」的真言，這是密教的胎藏界持明院五尊中的中尊般若菩薩的真言。在《陀羅尼集經》第三卷，〈般若大心陀羅尼第十六〉：

跢姪他，揭帝揭帝，波羅揭帝，波囉僧揭帝，菩提莎訶。

《心經》除去此咒文真言，完全為經的體裁。即「三世諸佛，依般若波羅蜜多故，得阿耨多羅三藐三菩提」，這是完全結束經文的文句。因為密教家想把此部當為自己的經典，所以把《般若》密教化，附加密咒真言，同時奉請觀自在菩薩為其說法主，才完成現今《心經》組織的型態。

四、般若心經說法主的問題

從《大般若經》全部思想發達的過程上說：第一會最為原始，次為第四會《小品》也有原始的跡象。第二會《大品》為註解《小品》的敷演，該於《小品》以後成立。其他《文殊般若》等，都是在《大品》之後才成立。《小品》說法主為佛十大弟子中解空第一的須菩提，其於諸弟子中，善於空觀；然於發揮般若理智，僅以破壞及分析空的思想為中心，根本未能積極開顯般若的真空；也就是須菩提的空，空得不究竟、不具體。所以佛陀不得不改令智慧第一的舍利弗來宣說般若，這即是第二會《大品》成立的所以。於是舍利弗與須菩提互競地位，舍利弗代替須菩提宣說般若，這是智慧派代替原始禪學派所反映歷史的優勢。但須菩提、舍利弗同屬於小乘聲聞眾，以彼等為中心所說的般若，都含有小乘的色彩。須菩提為中心的般若，為現象的空觀，僅止於分析破壞諸法的現象，不能達到諸法本體的空性。舍利弗的智慧，是差別的相對智，偏於真偽善惡、長短大小的比較，僅止於判斷相對的因果律，屬於形而下的智慧，不是形而上的智慧。所以須菩提、舍利弗，都沒有足夠的資格成為說絕對無邊廣大甚深般若中心的人物。佛陀不得不請大乘菩薩——大智化身文殊菩薩，以絕對平等智宣說本體空觀的般若。所謂絕對平等智者，即是直觀智，這直觀智現前，即是宇宙本體如實相的顯現。這是由小乘般若進步到大乘般若必然的程序，也就是小乘教進為大乘教的歷史反映。就《般若經》思想內容作比較，從原始到小乘，從小乘到大乘，依照這樣的思想進展，次第成立《般若經》。《心經》既擇取《大品》原文所成立，其說法主原為菩薩摩訶薩，而菩薩摩訶薩，佛陀雖未明白指定為誰，然而若指大智文殊菩薩為《心經》說法主，則比較適合般若思想進步的內容。因為不特《大品般若》有文殊菩薩說法，而且《大品般若》以後接著又為《文殊般若》，在思想上成為一貫系統。而《心經》，雖有觀自在菩薩參加法會，並未說法。所以根據這種意義，應推大智文殊師利菩薩為《心經》說法主，比較觀自在菩薩為適合般若思想內容的進展。

《大品般若》的說法者為釋迦佛，並非觀自在菩薩。或者以觀自在菩薩為佛教各宗派所特別崇拜的，亦復是密教家信仰的所在，密教許多經典都冠以觀世音菩薩，所以《心經》把「菩薩摩訶薩」改為「觀自在菩薩」。《心經》依《大品般若》而來，及奉請觀自在菩薩為《心經》說法主，必定是經密教家之手所結成，根據現在《心經》的組織是可以斷定的。特別是《心經》在古來殆專為祈禱所用的經典，故羅什譯為《摩訶般若波羅蜜大明咒經》。玄奘法師西遊印度時，歷種種險境，途遇梵僧賜以《般若心經》，奘師持誦，在途中得以免除種種苦難。而觀世音菩薩在印度靈感特別多，佛滅後千餘年，清辨因欲留身待彌勒下生，猶祈請觀世音菩薩指示，故知此經為祈禱所用。若是這種想像為合理的推斷，這《心經》必與密教有深刻的關係。

《大品般若》屬於般若思想發達的中期，而《心經》的內容完全與《大品》相同，且同以舍利弗為中心，故《心經》從《大品》而來無可懷疑。所以，《心經》的思想史淵源該與《大品》同屬於中期，亦復沒有異議。《般若經》應視為發達的經典，其內容不可能嚴密區別大、小二乘，但《般若經》的空觀思想，確為大乘的。然古來的批判家卻說般若為大乘的初門，或為大乘的真髓，加之《心經》的說法主奉請大乘觀自在菩薩，所以《心經》大乘的價值最為明顯。要依《心經》內容說，則屬於般若思想發達的中期，但《心經》通於三乘，特別是彰揚實相的大乘教。

五、般若心經傳譯的史要

《般若經》與其他大乘經典相同，都在佛滅後四、五百年間，始漸告成立。現存六百卷《大般若經》，從其內容、組織結構及思想觀之，殆非原始所存的《般若》，而是集合多種般若部系所成的叢書。故原始所存的《般若》，只有八千頌《小品般若》及二萬五千頌《大品般若》與《金剛般若》，其中又以《小品般若》為最古，約在佛滅後第一百年至五百年之間。《心經》雖屬於《大品般若》之內，可是從印度佛教史上考其流通的史實，卻不甚明瞭。諸如英人所編纂、在倫敦所出版的梵語經典，或者在印度、西域諸地也都未發現《心經》原典。然《心經》的漢譯，依經錄研究，最早於東吳時代（西紀三世紀），支謙有譯出的形跡。而現存最古的漢譯，為姚秦時代（西紀五世紀），鳩摩羅什所譯的《摩訶般若波羅蜜多大明咒經》。所以，可確定於此時《心經》始流傳於印度、西域諸地。印度《般若》註釋家，例如：造《大智度論》以解釋《大品般若》的龍樹菩薩，以及《金剛般若》的註釋家無著、世親二大菩薩，這幾位大論師乃是佛滅七百年後，印度實相、緣起兩大大乘教系的權威，然都未與屬於實相系的《心經》相接觸。其他印度論師中亦未聞有一《心經》的註釋家，更未見一部印度撰述的《心經》註疏流傳於世。由此可審知《心經》於印度成立的時期不古，且傳播不甚廣。到了印度佛教的末期，密教流行（西紀四、五世紀起），殆為密教所化的地方，始有《心經》的流傳。由於印度人民普遍信仰觀自在菩薩及彌勒菩薩，故改「菩薩摩訶薩」為觀自在菩薩，奉為《心經》說法主。從這時起，《心經》原型增語的變化始有成立的可能，《心經》與密教化的關係也應當始於此時。且《心經》異譯十一種中，除掉羅什所譯，其餘十種都為唐代的新譯。由此可知西紀七世紀密教隆盛的時代，始見《心經》盛行於世，此為顯著之史實。

般若心經的漢譯種數

㈠《摩訶般若波羅蜜大明咒經》一卷，姚秦弘始四──一五年（四〇二──四一三年）鳩摩羅什譯（存）。

㈡《般若波羅蜜多心經》一卷，唐貞觀二十三年（六四九年）玄奘譯（存）。

㈢《佛說波羅蜜多心經》一卷，唐中宗（六九五──七一三年）義淨譯（存）。

㈣《般若波羅蜜多那經》一卷，唐長壽二年（六九三年）菩提流志譯（缺）。

(五)《摩訶般若髓心經》一卷，唐中宗（六九五—七一〇年）實叉難陀譯（缺）。

(六)《普遍智藏般若波羅蜜多心經》一卷，唐開元二十六年（七三八年）法月譯（存）。

(七)《般若波羅蜜多心經》別本一卷，唐開元二十六年（七三八年）法月譯（存）。

(八)《般若波羅蜜多心經》一卷，唐貞觀六年（七九〇年）般若共利譯（存）。

(九)《般若波羅蜜多心經》一卷，唐大中（八四七—八五九年）智慧輪譯（存）。

(十)《聖佛母般若波羅蜜多心經》一卷，宋（九八〇—一〇〇〇年）施護譯（存）。

(十一)《般若波羅蜜多心經》一卷，唐（？）法成譯（存）。

以上所舉十一種譯本中，除第四、第五缺佚不存於今，其餘都攝入經藏中。而古來一般學者都依第(二)唐玄奘所譯《般若波羅蜜多心經》一卷。玄奘三藏，於貞觀年中赴印度求法，留印十有七年，攜回梵本經典六百數十部，後奉詔翻譯七十四部一千三百餘卷。玄奘從語學的立場，致力直譯，亦即對原典忠實地逐語翻譯，相對於東晉舊譯家之意譯，誠為別具特色，世謂之新譯。唐朝的譯家，多以奘師為宗範，但一般弘傳般若的都推《大品般若》，殆以《大智度論》譯者鳩摩羅什為第一。然《般若波羅蜜多心經》之流通，則不可不讚仰玄奘三藏的功績，特別古來讀誦所用的大乘經典，若《法華經》、《金剛經》等多奉行羅什譯本，獨有《心經》依玄奘所譯為範本。《心經》最普遍的流行，當在玄奘的《大般若》翻譯弘傳之後，並獲得各宗派一致讚仰。所以《心經》的註釋，歷代以來不勝枚舉，就中最有參考價值的，有窺基大師的《幽贊》一卷、西明寺圓測的《心經贊》一卷，及華嚴宗三祖賢首大師法藏的《略疏》一卷。宋、明、清的釋疏書總在數十種以上，時至現代無慮百種以上的註釋，於此可見《心經》在佛學研究上是如何重要而普遍了。

六、般若心經的組織

佛經記載的方式，多半分頌與長行的兩種。頌文或五言或七言，如韻文詩體；長行如散文體。在經典中，或單以頌記載，或單書長行，通例為頌與長行兩種並行。《心經》中的「即說咒曰，揭諦……」以下為頌，以上為長行。至於頌與長行的關係，或先頌後長行，或先長行後頌，《心經》即是先長行後頌。先頌後長行的，長行多為解釋頌義，所以名為長行釋；先長行後頌的，則頌為長行內容之重述，故名曰重說偈。頌與長行不必同時成立。就兩者比較上可隱約看出，其發展過程直到最後經典成立的狀況。所以從發展史的角度來觀察佛經之形式，是極有趣味的研究。《心經》的長行既不是解釋頌文，而頌也不是長行的重說偈；可說是一種特出頌讚功德的性質。

佛教經典的組織大綱，多以序、正、流通三分，統攝全經的要義。序分，就是通常所說的序言，或序論；正宗分，即本論或本文，即敍述全經正分的宗義部分；流通分，即信受奉行正宗分；而囑累會眾要宣傳流通於未來的部分，亦即是結論。三分為一切經典結構共同所依的方法。但也並非每一部經典都具足三分，有或欠序分，或欠流通分，或兩者都缺者。依此三分的結構觀察一部經典的組成，可發現它們並不限於同時成立，這是在經典史研究上應注意的一點。《心經》的正宗分，若認為是從《大品般若》擇錄而來，則《心經》的序分與流通分，無疑地必為後來所附加，這是三分比較研究的結果。

佛教的經典，如此的次第集成，在古典及其他亦有不少的類似處。《心經》三分中的正宗分其組織內容，前面已說過。大部分的經典，就組織的分析，是初學者所最感困難的。但如《心經》則是最簡單而完備的經典，且容易明瞭其組織結構。一切經典組織所具的種種條件，《心經》也都已具足，於此《心經》不失為代表聖典的意義。

《般若心經》的組織結構，古來註釋家有種種不同的見解，今者參照保阪玉泉君引用弘法大師《般若心經祕鍵》的五分，即第一「人法總通分」，第二「分別諸乘分」，第三「行人得益分」，第四「總歸持明分」，第五「祕藏真言分」，繁簡得宜，最為正確。茲引用保阪君所製的表解：

《摩訶般若波羅蜜多心經》組織：

【第一段】序論（序分）＝人法總通分

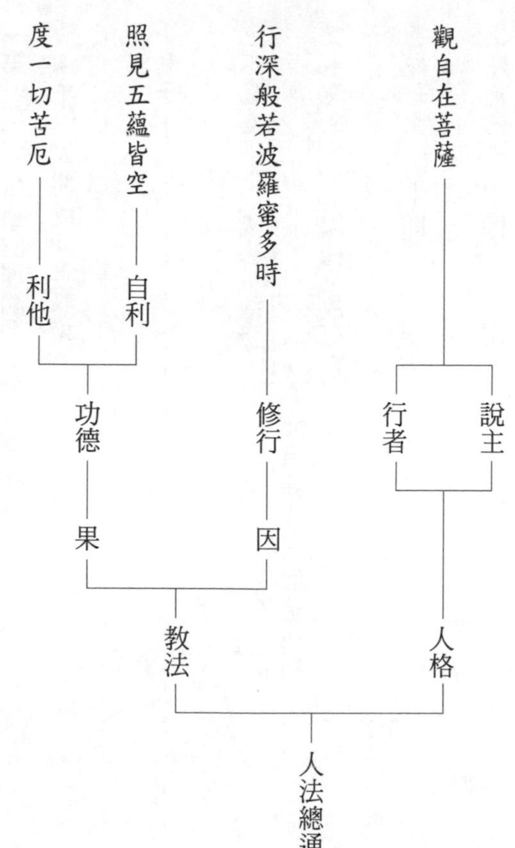

【第二段】本論（正宗分）

〔第一項〕哲學的理論門＝分別諸乘分

（甲）人間觀＝正報論

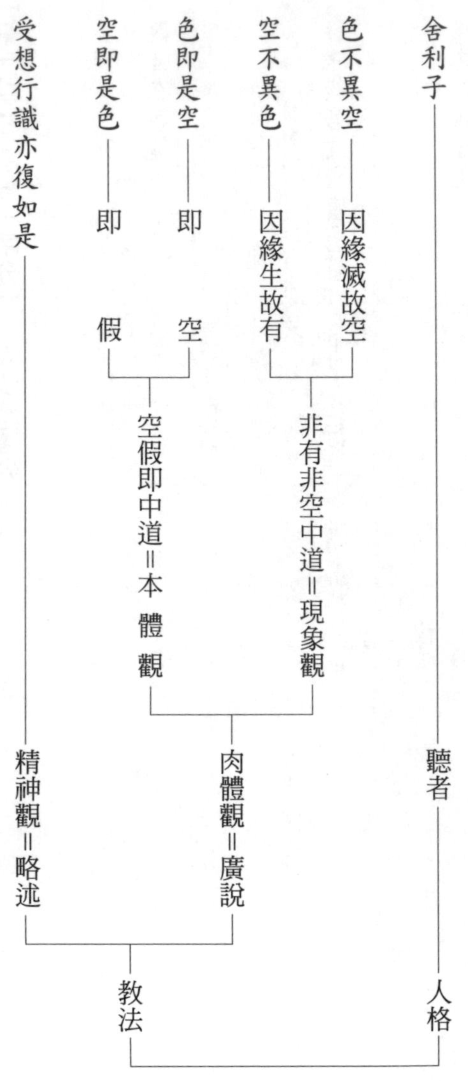

(乙)宇宙觀＝依報論

一、世界觀

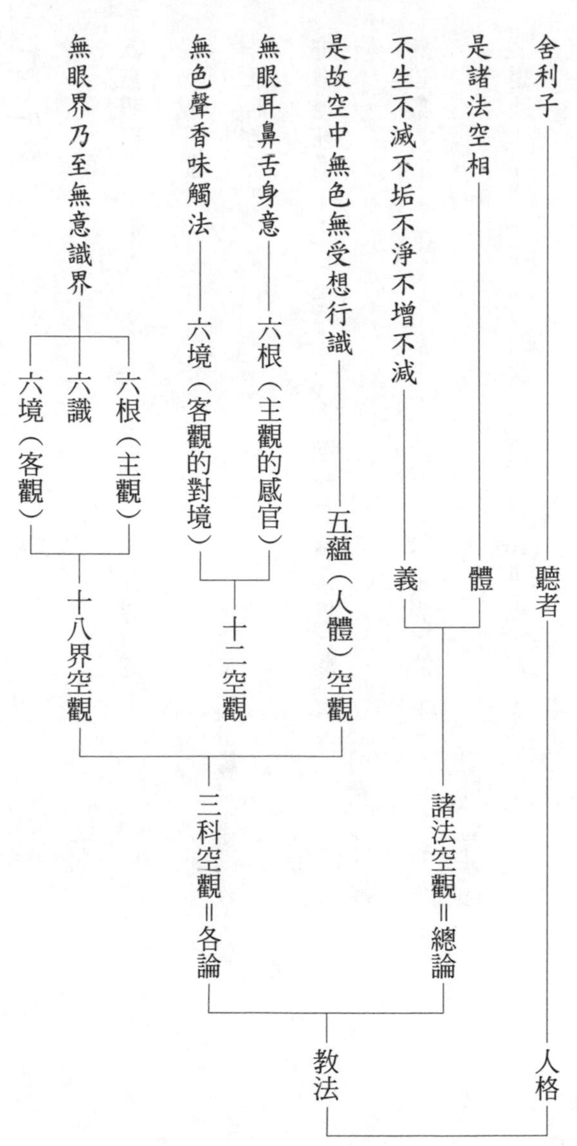

二、人生觀

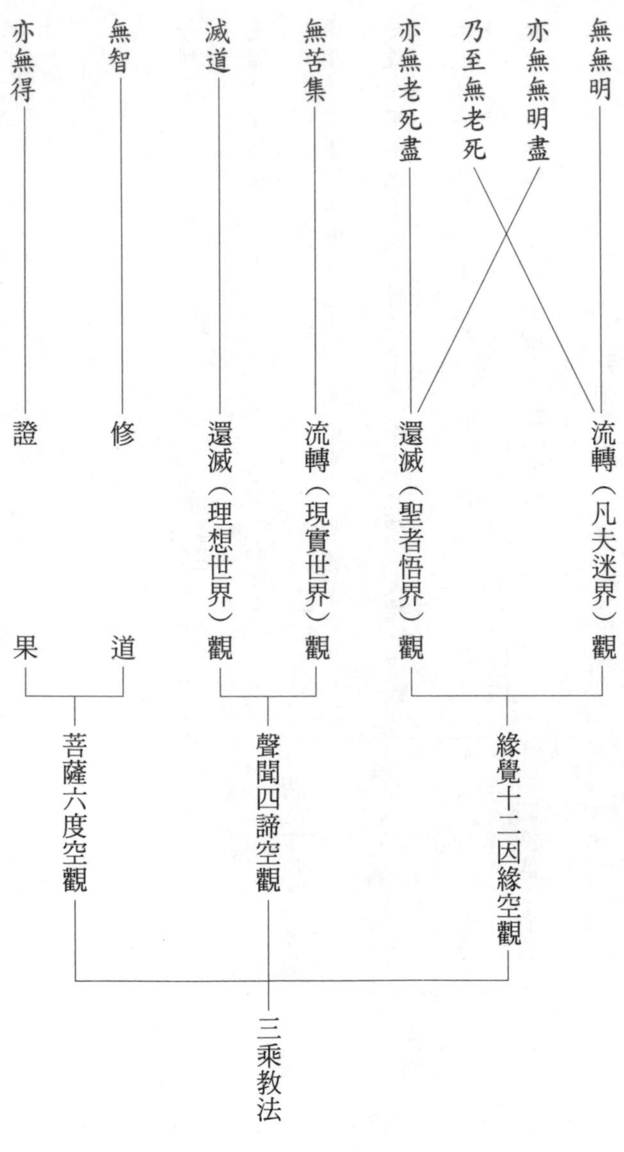

無無明
亦無無明盡
乃至無老死
亦無老死盡
無苦集
滅道
無智
亦無得
流轉（凡夫迷界）觀
還滅（聖者悟界）觀
流轉（現實世界）觀
還滅（理想世界）觀
修
道
證
果
緣覺十二因緣空觀
聲聞四諦空觀
菩薩六度空觀
三乘教法

〔第二項〕宗教的實踐門＝行人得益分

（甲）修養法

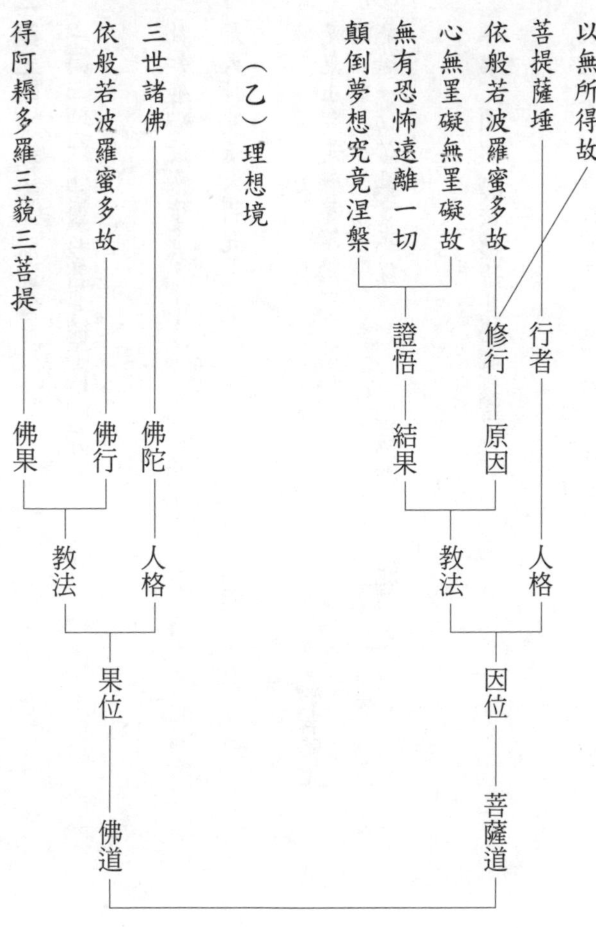

【第三段】結論（流通分）

〔第一項〕禮讚般若＝總歸持明分

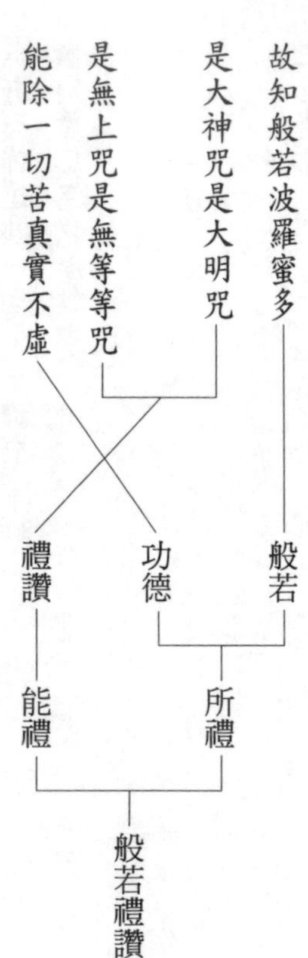

故知般若波羅蜜多——般若

是大神咒是大明咒
是無上咒是無等等咒——禮讚

能除一切苦真實不虛——功德

般若、功德——所禮
禮讚——能禮

所禮、能禮——般若禮讚

〔第二項〕般若護持＝祕藏真言分

故說般若波羅蜜多咒即說咒曰——咒曰

揭諦揭諦波羅揭諦
波羅僧揭諦菩提薩婆訶——真言

咒曰、真言——般若護持

依以上《心經》的分科，可知其為佛教學的組織，有條不紊，當為經典中最合乎理想的組織法；把佛教所有的問題都該羅於二百六十字的《心經》內，使我們對《心經》做為一切經典代表《大般若經》的心髓結晶的信念更加堅強。但前章業已說過，《心經》屬於實相論系，所以實相觀即通於價值觀的全篇。至於生成緣起的論題，僅限於四諦❶、十二因緣❷少部分，這是該為注意的一點。

以上係佛教學及《心經》的組織概觀。其關於《心經》內容的教義，當於次章說明。

註釋

❶四諦：諦，真實不虛的意思，四諦指苦、集、滅、道等四種真實無誤的真理。

❷十二因緣：十二種因緣生起之意，即無明、行、識、名色、六處、觸、受、愛、取、有、生、老死等，各前者為後者生起之因，前者若滅，後者亦滅，形成相依相待的關係。

七、般若心經的使命——序論

觀自在菩薩，行深般若波羅蜜多時，照見五蘊皆空，度一切苦厄。

這是《心經》的序分，也就是序論。於此首先揭起《心經》偉大的使命，亦就是佛教的使命。佛教對於人世間的使命有兩種：一是完成個人自己的使命；一是完成於社會公眾的使命。前者為自利的，發揮自己本來所具的性能，解除惡性煩惱的束縛，修養德性，達到安心立命的境地。後者為利他的，不以自己的利益為利益，而在服務社會公眾的事業，使社會群眾獲得利益，實行普遍救世的正道。

這兩種使命能夠並行，人生社會才有進步的希望，不可能偏於任何一方。佛教根本的主義，即在自利利他，而能切實奉行自利利他的使命，就是菩薩。故菩薩的人格，即在實踐自利利他兩種使命所獲得理想人格的尊稱。前揭《心經》的一段文，正是表明菩薩的人格及兩大使命的意義。

一、救世的人格

所謂菩薩，是梵語的略稱，具稱菩提薩埵（Bodhisattva）。菩提，主觀的譯為覺，客觀的譯為道。薩埵譯為有情、人、士。所以，菩提薩埵應譯為覺有情、道者、道人、道士、開士等。原語梵名稱為菩薩，所謂覺有情者，指覺悟的人之意思，即能實行自利利他二行而有理想的人格者，能完成這二行的使命。所以「覺有情」分為二分，上求菩提（覺），下化有情（薩埵）。向上求道，開發智慧為自利；向下教化一切有情為利他，此為菩薩的解釋。在佛教弟子中，只顧修行自利的，就是聲聞、緣覺；而利他教化一切有情的，殆為菩薩獨特的使命。而能圓滿自利利他兩種行門的，就是佛。所以佛的因位，就是菩薩；菩薩的果位，即是佛。畢竟菩薩與佛有前後因果的關係。

佛教中分大、小二乘，小乘佛教是自利的佛教，大乘佛教則是利他的佛教。所以小乘經典的《阿含經》等，單為聲聞乘說，而沒有談及菩薩。然大乘經典，若《般若經》、《華嚴經》、《法華經》、《涅槃經》、《淨土三經》等，到處都有大智文殊菩薩、大行普賢菩薩、大悲觀世音菩薩、大勢至菩薩、當來下生彌勒菩薩等諸大菩薩。其行願的功德，都是不可思議的，諸大菩薩的立名，都在彰顯其德性及其偉大的人格。文殊菩薩的特徵，就是大智。普賢菩薩的特徵，就是大行。而具足偉大慈悲的德性，實行救世本願的，就是《心經》說法主大慈大悲觀世音菩薩。能以大慈大悲的精神完成救世之使命的，唯有具足大悲德性的觀世音菩薩；能隨類應化救世的，也唯有大慈大悲觀世音菩薩。

觀世音，梵名阿縛盧枳帝濕伐羅（Avalokiteśvara），舊譯家泰斗，如姚秦時代龜茲國的鳩摩羅什，於《法華經》〈觀世音菩薩普門品〉，譯為「觀世音」。新譯家的權威，唐三藏玄奘法師，於《心經》譯為「觀自在」。原語從二語所成，前半語（Avalokite）是「觀」之義，舊譯家鳩摩羅什將後半語（śvara）依「音」的義，合前半譯為「觀世音」。玄奘將後半語（śvara）即取「自在」，為主宰義，合前半譯為「觀自在」。兩種意譯均表示了這位菩薩大悲救世的精神。

例如《法華經》〈觀世音菩薩普門品〉說：

> 若有無量百千萬億眾生，受諸苦惱，聞是觀世音菩薩，一心稱名，觀世音菩薩，即時觀其音聲，皆得解脫。

觀世音，略稱「觀音」，其所暗示的譯義，適合菩薩的悲願。聞其音聲，而生起視覺或聽覺的感受，即於外界世間色聲境的見聞，觸動於意識觀念，即時發生慈悲心。所以說為聞音，或「觀音」。又《華嚴探玄記》卷十九說：「若偏就語業，名觀世音，以業用多故。若就身語，名光世音，以身光照及故。若具三輪攝物無礙，名觀自在。」

在「觀世音」、「光世音」、「觀自在」三種譯名之中，似乎以「觀自在」最能表顯菩薩的功德，因為他具足「身、口、意」的三輪（三輪者，佛菩薩的身、口、意妙用喻如車輪）全體而攝受救濟眾生無礙自在的緣故。三界無安，世間充斥著各種災厄和苦迫，眾生哀號呻吟，渴望獲得救護；或者懷抱著各種憧憬理想，禱告祈願，希求實現；菩薩應其呼求之聲，隨即意發大悲，以口說法教化，以身實行拔苦與樂的行願，都能自由自在。所以，唯有「觀世音」或「觀自在菩薩」的德性，才能救助一切眾生離苦得樂，故有救世菩薩、救世的淨聖、施無畏者、大悲聖者等的尊稱。同時，菩薩為完成普遍救濟的任務，故有六觀音、七觀音、三十三觀音等種類。為貫徹菩薩大悲隨類應化的悲願，於地獄、餓鬼、畜生、修羅、人間、天上的六道，現種種身，故有聖觀音、千手觀音、馬頭觀音、十一面觀世音、如意輪觀世音、不空羂索觀世音等，一切名稱都為相應大慈大悲救世的本願。

觀世音菩薩的願行，最普遍為人所知的，乃在《法華經》〈觀世音菩薩普門品〉，文中說聖觀音，為救濟眾生而現三十三應身。應以聲聞身得度者，即現聲聞身而為說法，乃至將軍、小王、長者、居士、宰官、比丘、比丘尼、婦女、童男、童女等身得度者，即現其身而為說法，這些皆為觀音的應化身。三十三觀音，印度有三十三處觀音靈場，或三十三間佛堂，或塑三丈三尺的觀音像，所表現的數字，都是基於三十三應化身而來。

觀世音菩薩，在觀想上有人性及神性的表現，當然吾人贊成前者，以吾人若體現到大慈悲，隨即自覺為觀世音菩薩。故凡有大悲救世的精神，都可尊稱為觀世音菩薩。比如觀音顯現的靈場，並不限於印度南海普陀落山等。大智禪師偈說：「箇箇面前觀自在，人人一座普陀山。」若以地理上考究，《八十華嚴》卷六十八說：以南天竺南海岸摩賴耶山中普陀落山，為古來觀音出現的根本靈場。後來中國、日本，都有觀世音，中國擬南海浙江省舟山島為補陀落山，日本以日光山及西國三十三番，擬為觀音示現的靈地。原來補陀落（Potalaka）的梵語，有光明的意義，所以日光山的地名，偶與譯義適合，於是亦成為「觀音顯現的靈場」。

古來許多菩薩中，最為世間僧俗一致信仰的，以觀世音菩薩為第一位。但以釋迦佛為本尊的一般佛教的經典，如《法華經》、《華嚴經》、《解深密經》、《般若經》、《金光明經》等；或以阿彌陀佛信仰為中心的淨土經典，如《無量壽經》、《觀無量壽經》；或以大日如來為中心的真言密教經典，如《大日經》，都一致禮讚觀世音。各宗派都共同信仰觀世音，特別是淨土宗與密教，認為觀世音菩薩與大勢至菩薩同為西方阿彌陀如來的脇侍。或者說是阿彌陀佛的因位菩薩，或說為彌陀如來的長子，或為其弟子，協助阿彌陀佛救濟化導一切眾生。特別是淨土宗說：觀世音菩薩為阿彌陀如來的御使，現身於此娑婆世界，引導一切眾生往生西方極樂淨土。密教家所祈禱的觀世音，如〈觀世音菩薩普門品〉所說的那樣，現世得利益。淨土家與密教家的解釋雖不同，但都認為觀世音有神祕性的、或具神格的，於是把觀音力當作是他力。反之一般佛教，特別是禪家，則以自力的體現，認為觀世音菩薩實不離人格，而只是人格的至上化、完美化，要是把他神祕化了，則不但誤解了佛教本意，而且忽視了觀世音菩薩於吾等人性關係特別密切，是人間的聖者，為人間的理想者的意義。所以，吾人當以人性的觀世音菩薩而親近佛教，《心經》的觀自在菩薩，正是發揮此義。

觀世音信仰的歷史，散見於大乘經典中，東晉時代赴印度的留學僧法顯三藏的《佛國記》說：大乘佛教徒多供養文殊、觀音塔。唐玄奘三藏的《西域記》說：大乘或密教色彩濃厚的南天竺，特別以補陀落山為中心，為中天竺摩竭陀國信仰崇拜地。所以，西曆紀元前後大乘教興起菩薩的信仰，也就是觀音信仰興盛的時代。從東晉時代起，即有此信仰，鳩摩羅什譯出《法華經》，到隋代智者大師《觀音經玄義》等註釋，弘揚菩薩救濟的大願，觀世音信仰已普遍地流行於民間了。西藏、蒙古的喇嘛佛教，也是依觀音信仰，成為真言密教的一派；密教許多經典，都冠以觀世音聖號。所以祈禱觀世音菩薩加被，現世得利益，並且希望未來得生於極樂淨土，為世間一致信仰的中心。

二、解脫救世主義

救世的觀自在菩薩，以自利解脫、利他救濟為目的，於「行深般若波羅蜜多時」，即含有兩種問題，一是主體的自利解脫，一是客體的解脫救濟。《心經》的序分，於「照見五蘊皆空」，係答覆前者的問題，「度一切苦厄」是答覆後者的問題。

大乘佛教以自利利他為主，自他兼利的德行，就是六波羅蜜多。波羅蜜多（Pāramitā）為梵語，漢譯為「到彼岸」，或說「度」。所謂到彼岸，喻人生為大海河川，從煩惱的此岸，達到理想境的涅槃彼岸；不特要自己達到理想的彼岸，並且幫助一切眾生也能達到理想的彼岸，此實為大乘佛教的要諦。「到彼岸」三字，或譯為「度」一個字。度字在使用上分為自動詞及他動詞，前者表示自利解脫，若為後者，則為利他救濟的意味，以此表現菩薩道最為適當。不但從字義上具有自他兩利，即從波羅蜜多的內容言，也明列有布施、持戒、忍辱、精進、禪定、智慧六項的德目。無論自度或度他，都有如航海必須有船筏一樣，乘此六度道德的寶筏，即能達到涅槃的彼岸。

六度，就是自利利他，解脫救濟的德行。但《般若經》，特別是《心經》，發揮理智主義，以智慧波羅蜜多為主體。吾人的自心，是依智、情、意三分所成。比如我們捐輸財物，救濟貧病；或主持正義，提供智慧，幫人解決困難；這在六度中，即是屬於由感情發露的布施波羅蜜。若依菩薩心來說，就是圓滿純潔的大慈悲心。《般若經》以發揮理智為特徵，智慧為六度或戒、定、慧三學中最高的德行，也就是道德的結晶，一切善行之根本。菩薩心屬六度中智慧波羅蜜，佛的心一切都以大智為自利利他的主體。《心經》的說法主及般若的行者觀自在菩薩，即觀世音菩薩的異譯，二者立名的意義，已如前說。從漢譯文學上看，如《觀音經》，以慈悲為主體時，譯作觀世音菩薩最為適切；如《心經》，以智慧為主體，則譯作觀自在菩薩為確當。

就智慧來說：壞人有惡見，普通人有常識，學者有理論的智慧；佛、菩薩有不可思議的不共世間的究竟解脫智慧，與世間一般的智慧不一樣，為了存尊重之心，譯家把它列為五種不翻之一，故仍使用原語——般若。世間的智慧還有所謂論理的智慧及哲學的智慧、宗教的智慧。所謂論理的智慧，是科學研究的基本，對於複雜及變化的現象界，有比較、分析及發現因果關係、作推理判斷的智慧；這是屬於形而下的智慧，或說為相對智。所謂哲學的宗教的智慧，哲學的智慧，是在追求有關宇宙人生之普遍而究極的原理，包括認識論與價值論，是形而上的智慧對象，是以宇宙萬有本體真理為直覺。而世間宗教的智慧呢？乃是藉由神話、神啟、神蹟，或者個人的神祕經驗，而指認信仰的對象，觀悟天地神佛的真理；宇宙的本體，天地的真理，唯一、絕對永恆普遍的存在，稱之為主觀智。這些世間的智慧，不論是相對智或是主觀智，都不是究竟解脫的智慧；究竟解脫的智慧，唯有佛教的般若智慧。

佛教的般若智慧又可分兩種：一、相對的般若智慧，為聲聞或是緣覺的智慧，依之為推理判斷的法則，悟解因果的事理。二、絕對的般若智慧，為大乘菩薩的智慧，直觀本體的真理；《心經》的般若，即屬於後者。因要與前者區別，故於般若上加以「深」字，說「深般若波羅蜜多」。菩薩實依深般若照見宇宙本體的真理，以波羅蜜多完成自利利他的妙行。

三、心經的無我觀

救世的觀自在菩薩，自利即是自度，利他即是救世；前者為解脫道，後者為濟度行，菩薩以實行自他兩利為本願。然在自利利他究竟誰為優先呢？在人生觀上並沒有自他的區別，因為都有「一切苦厄」。人生假使是快樂的，也就沒有解脫及救濟的必要。

人生為什麼原來都是苦的？如果你只是抱著旁觀者的立場，看到死啦！苦啦！無常啦！這好像都屬於別人家的事，事不關己，自己當然不會嘗到真實痛苦的滋味。必須是自己的父母、親愛的妻子，以及自身，受到老、病、死、其他苦惱纏擾時，始能真切體驗到無常苦的滋味。

切實地說，苦的主體，就是自己，從苦得到解脫的快樂也是自己，所以首先自己要能自度，然後才能度人。因此，人不可不了解自己是什麼？希臘的賢哲蘇格拉底說：「汝要了知自身。」道元禪師說：「習佛法即習自己，所謂習自己，即是明白自己。」這是千古的格言，一切宗教哲學的出發點，即在探求自己。

人生最大的問題，即在能明白自己。人好像是最易明瞭的東西，其實稍加思考，即會發現最難明白的就是「自己是誰」？笛卡爾說：「我思，故我在。」這是無疑地認為有自我的存在。但要從論理上認識自我，那是不可能的，因為「自我」不屬於論理的。古來婆羅門教主張一切生物，特別是人身，肉體中都有個自我——靈魂存在。生物的肉體雖有變化，但是肉體內在的靈魂，是永遠不滅、常住存在的，並不可切斷的，把這個說為「實我」。但靈魂與肉體，其性質是完全不同的，好像泥團中藏有金玉的寶貝，而泥土是泥土，金玉是金玉，這是「靈肉分別說」。而肉體死亡後，善人的自我生於天國，惡人的靈魂墮入地獄，這恰如古代說夢的樣子，說人在做夢時，靈魂從肉體脫出，遊歷於各種時空之中，這是「靈魂游離說」。無論是自我實在說，或靈魂說，都屬於常識的說法，不獨婆羅門教，捨佛教以外的一切宗教或靈魂學者，都主張此說。

然而這個靈魂實在說，其理論極為粗淺，阿毘達磨論❶的學者，用種種方法，推翻外道的靈魂說、實我說。佛陀僅用一句話予以否定，就是「五蘊皆空」，把一切實我、自我靈魂都否決了。所謂蘊者，是積聚義，就是把生物界，特別是人間，大之分為五種要素，小之分為無數種要素，這與現代有機體說及細胞說相似。世間的生命體，總稱為五蘊，即是色、受、想、行、識的五種要素。

㈠色：佛說的色，是有變壞、質礙性的定義。所謂變壞，就是變化性。所謂質礙，即是物質不可入性，甲、乙兩種物質，不可同時同占一處。故色在廣義方面是包括一切物質的顯色、形色和表色；在狹義方面，就是各自的肉體。這裡所說的色，是指狹義的色。而此色蘊，乃依地、水、火、風四大要素所成。所謂地、水、火、風，不是指吾人肉眼所見的現象，如土地，或雨水，或燈火，或空中的風。而是所謂地為堅性，水為濕性，火為煖性，風為動性，這皆為現象界諸法形成的原動力和要素。

㈡受：前說的色，是屬於物質的；而「受」是屬於精神的，即於前說色法無論是顯色、形色、表色，乃至音聲等引起一種反應，使精神上發生苦、樂等知覺感受。故佛說受，是領納義，於苦、樂的境有領受作用。

㈢想：所謂想，即於感覺或知覺構成一概念的作用。即如依眼根感覺其色彩、形狀，依鼻根感覺其香氣，綜合各種感覺構成一「花」的觀念，故佛說想，即是想像、取像的意思。

㈣行：所謂行，乃造作之意，例如外界的花境，引起內心欲取花供佛的念頭，經心思考慮而發起「取花供佛」的行動。思考為行為作業的根本，其主要的，就是思心所，這全屬於心理活動的現象。

㈤識：所謂識，是了別義，即對受、想、行三種心理活動發生區別的作用，故此識不特有支配受、想、行三種作用，並且為精神活動的總樞。它的任務，即在保持這三種作用構成統一性，而識所了知的，為精神與物質的總和，構成色心不二的關係。圖示如次：

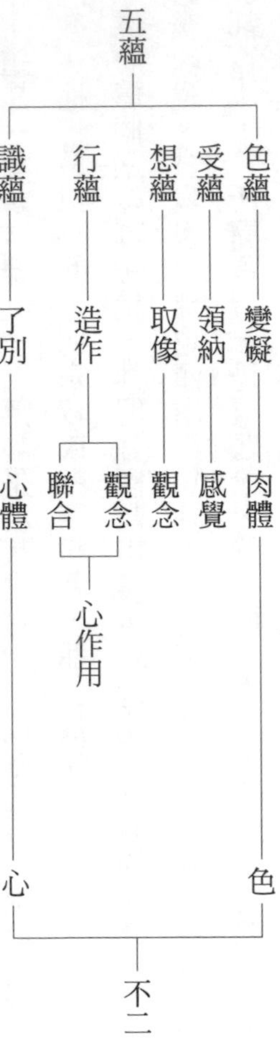

五蘊，是身心組合要素的分類。五蘊的色，屬物質的——肉體，受、想、行、識，屬精神的——心。就中第五識蘊，是統一精神與物質，構成色心不二的要素。婆羅門教主張色、心、靈魂是各別的，而佛教正是相反。世間人所說的自我，就是指五蘊身心的和合體。要說五蘊為自我，應有多種意義的我：第一、識蘊為本質的自我，第二、行、想二蘊為心的自我，第三、受蘊為感覺的自我，第四、色蘊為肉體的自我。若一一是我，則有多我。一我尚不可得，何況多我呢？依色心的關係說：心向外表現，就有肉體；肉體向內，就有心。在外表看，就是肉體，從內觀之則為心。究竟是以心為自我？抑或是以肉體為自我？今從第四意義的自我次第到第一意義的自我，即是從肉體到靈魂。第一意義的自我漸向第四意義的自我，即從心到色的過程，在和合的狀態下，色心表裡靈肉是不二的。

前說的五蘊，雖為心理及生理現象的分類，但佛陀不是以分解說明為目的，五蘊的分類，也不是專為研究心理現象的設計。佛陀要吾人明白自已的身體，是依五蘊的要素因緣和合，由眾緣結合的關係，是假合的存在。這猶如所造的一棟房子，當其和合的因緣盡了，房子就塌了，或被拆了；五蘊和合的因緣如果盡了，則一期生命也告死亡。這中間，沒有永久不滅的生命，因為識蘊也是假因緣而生滅，不是常住的，乃至色蘊也非不變的，無論何處都沒有如外道所說的實我的存在。凡是五蘊都是無常，故人間沒有不滅的實我。

因為世人不了解「無我」，才有常住不滅的靈魂迷妄，故佛說「五蘊無我」，以破其迷妄。

《心經》的「五蘊皆空」，就是絕對否認自我的執著，就是無我觀。這裡無我觀或曰人空觀，也就是「我空觀」。佛陀為了要說明無我觀，故說五蘊。有生即有滅，有集合即有分散，這是宇宙間永恆不變的真理。因此，佛教有諸行無常、萬物流動、諸法無我、五蘊皆空等說，這是萬古不變易的鐵律。觀自在菩薩體驗到甚深般若的正智，才能真切地「照見五蘊皆空」。

經文的「五蘊」下應加一「等」字，窺基《幽贊》及靖邁《心經疏》皆有等字，以觀自在菩薩所照見的，不僅五蘊皆空，包括十二處、十八界、十二緣起、四諦四種法皆是遍計所執，空無自性，故同曰空。

在般若的理智中，有消極的破壞和積極的建設兩大作用。今無我觀——「五蘊皆空」——這是消極的破壞。只在言語上否認實我、靈魂，這還未能建設真理，若以這個為究竟，則佛教便墮入虛無說。古來佛教學者，但說無我，未能發揮無我的內容，故非究竟。所以《心經》的無我觀，不僅否定了實我、自我的執著，並且有更高的肯定作用。所謂無我乃在表明生命無常而相續的意義，佛教的無我論，就是生命論。佛教為否定外道以自我為主體，執著常住固定的靈魂實我，而代以變化的、相續的、分化的、緣起無自性的實相，從而肯定絕對的生命。前說五蘊乃依因緣和合所成的假的自我——五蘊的假我，這即是畢竟的生命。生命是色心不二，識體與肉體一致的存在，也就是變化的、分化的、創造的、進化的、暫有的，剎那生、剎那滅，相續不斷不可思議地存在著。佛教的假我生命與外道實我靈魂，其性質正是相反。這個生命論，破解了外道靈魂說的迷妄，所以佛教非是消極的無我觀，實是積極的生命論。佛教生命相續論，後當詳說。

大悲觀自在菩薩「度一切苦厄」，即是解脫道及救濟道的運行。解脫及救濟中心的觀念，即是無我觀，亦即五蘊皆空觀。凡夫的迷妄、執著、苦惱皆以自我實在觀為中心，對人間凡是能夠滿足自我五欲之樂的事物，如權勢、地位、財富、男女等，莫不極力地追求執取，以不得為苦，失之為惱，在上下交征、你爭我奪的過程中，不知生起多少憂悲惱苦？付出多少血淚辛酸？凡此種種都是因為執著有個自我，認為它是唯一無二、永恆不變的存在。所以若能藉由佛法的知見，真修真悟，了知一般凡夫所執著的「自我」，所謂「唯一無二、永恆不變的存在」根本是虛妄的，了無可得的，那麼自我的欲望也必隨之消亡，自必達到「五蘊皆空」的達觀，便從「一切苦厄」中解放出來。

自我中心的執著，即包括實有自我的知見與愛著自我的感情，在佛教總稱為我執。這個我執，有先天的我執與後天的我執。前者說為俱生我執，是與生俱來，根深柢固的煩惱，隱藏在深處，卻常常動擾到我們的意識；後者為分別起的我執，是出生以後，依社會的習染或家庭、學校的教育，乃至世間宗教的信仰等所起的我執，這是由於意識分別思惟所起的執著。今入無我觀即是消除自心上的我執，但必須盡斷先天的俱生起與後天的分別起兩種我執。

個體的生命，就是假我。因為假的，從時間的觀察，是無限過去生命的延續，個人現在的生命，是過去與未來生命的一個連鎖。總合過去、現在、未來的三世生命就是宇宙的一大生命，這即是佛的生命。自己的生命和宇宙的生命是不可分的存在著。「無我」，即五蘊皆空。說為無我，說為空，並不是否定生命，乃是大生命中再生的大肯定，依於這個信仰，始知自己尊嚴。若從空間上觀察個體的生命，則自他是不可分的存在，相依共存的關係，成為宇宙一大組織體。宇宙也就是一大佛身，一切一切，部分與全體，自己與佛都是不可分，這即是古人所說的達到「天地與我同根，萬物與我一體」的存在。要以專門語說，即是「入我我入」的意義，自己就是父母、國土、眾生、佛等四恩的結晶。

因為這樣，自己在時間而言是無始無終，在空間而言是無邊無際，一切的一切，與佛不二。悟入這種信仰時，才能體驗到大乘的無我觀，解脫自我愛著的醜態。再生於大宇宙佛的家，成為新的生命，也就是再生復活。否定自己，實是肯定自己，自己的再生。要能通過這種體驗，自己始能居於天地間，明白自己絕大、無限的價值、無限的尊嚴，悟入歡天喜地的生活。並以感恩天地為目的，分擔佛陀的使命，把現實的社會改造成為純粹的真善美化，視為自己應有的責任。

天地之於眾生，在竟其生長化育之功；佛的智慧與慈悲，以救濟一切眾生，創造進化為使命。佛教信仰的生活，絕不是止於自利，必須要自利利他，悲智雙運，這都是發菩提心，悟入般若空智以後的妙行。自利利他，以利他救濟，成就自我解脫；解脫即救濟，這即是波羅蜜多、到彼岸、度的真意義。觀自在菩薩體驗般若波羅蜜多，照見五蘊皆空，依無我觀為解脫救濟之行。假使吾人開發般若智慧，體驗到無我觀，自利解脫，亦行利他救濟，若能實行這兩種行門，自己即是觀自在菩薩的化身。

自我實在觀，就是迷執，我執我愛，就是煩惱其結果，就是引生無盡的痛苦。以般若的智光，照破實我的迷妄；以智慧的利劍，切斷我愛的煩惱，遠離憂苦，遊於安樂境地，獲得永遠的生命，就是與佛的人格合一。依般若入無我觀，擺脫一切的我見，這是佛教的根本觀。而以般若的大理智為根柢，行大慈悲的救濟，亦令一切眾生皆得解脫，世間唯有佛教能夠如此。現代雖然物質進步，號稱為文明世界，但這是以自我中心為價值的文明，崇尚現實功利，靠弱肉強食，優勝劣敗做為推動的力量。彼此在建立秩序，確保和平，謀求幸福繁榮的口號下，而實際進行慘烈的鬥爭、破壞，兵連禍結，永無寧日。總之，現代這種標榜自我功利而締造的虛幻文明，若不知反省，終將陷於毀滅的運命，今後必須開拓無我的文明，不可不努力建設佛教的真理的文明。佛教的使命，即是建設無我真理的文明，畢竟能救自己也才能救世界。救濟的方法，就是「五蘊皆空」的無我觀為根本。這即是《心經》序論的大綱。

註釋

❶ 阿毘達磨論：梵語 Abhidharma，是佛教經、律、論三藏之一，意譯為論、勝法、對法、無比法等。

八、般若心經的人間觀——本論

前面說過《心經》富有理智哲學的、宗教的特徵，所以《心經》是佛教理智的結晶。其本論（正宗分）的前半屬哲學的方面，在哲學的分量上與宗教實踐相等。加之，前為哲學部門，這在本經上應大為注意。依觀想說，宗教為哲學的根本；依論理說，則哲學為宗教的初門。這部《心經》是以理智為本質，是般若哲學空觀於佛教全盛時代的產物。

一般哲學所討論的問題，包括宇宙自然的問題、認識的問題，及人生的問題。佛教哲學的問題也不例外，不過在分類方面稍有不同。這於《心經》的哲學理論門，把人間觀當為認識論，把世界觀當為自然哲學，並且包括人生觀在內。眾生造業，流轉三界，果報不同，分為正報與依報。這個現實，是過去的業力所招感。譬如我們今生為人，是謂正報；自己所依處的自然界與人群社會等，則為客體的果報，稱之為依報。自然界以及人群社會等，乃是眾生共同業力招感所得的共同果報。而個人自身乃為自己一人的業力招感，依業受果報；即三乘、四果也是依人生觀為起點，故把四諦、十二因緣、六度等三乘教法列為人生觀，這是根據有情世間的分類。所以，現象中若把自己及宇宙分為正副、主客、親疏的區別，自己為正報，則宇宙天地可說為副報或客報，依處所顯其果報的意義，即為依報。

要說明自己即是人間觀的正報論及宇宙觀的依報論，當以佛教哲學最為圓滿。而且《心經》的：

舍利子！色不異空，空不異色；色即是空，空即是色。受、想、行、識，亦復如是。

這一段經文，正是人間觀的正報論，此中聽者舍利子的人格，及色、受、想、行、識的五蘊，前章已有說明，茲不再述。今以發揮空的意義及五蘊與空的關係為主要的論題。

觀察萬物，有兩個方面：一是橫的，屬空間的方面，即觀察萬物存在的價值；一是縱的，屬時間的方面，要說明生成變化的過程。佛教對於前者的價值觀，屬於哲學，說為實相觀或實相論；後者的生成觀，或其哲學，說為緣起觀或緣起論。所謂實相，即是如實相或真相的意思。所謂緣起，即因緣生起意，凡一切事物必由一定的因果關係而得生成。此中緣起觀，包含於人生觀中，這段經文正為實相觀的說明。

觀察事物的價值，有多方面的觀點，大而言之，凡闡說善惡的價值者，為倫理的價值觀；評論美醜者，為藝術的價值觀；辨析真偽者，為論理的、科學的、哲學的價值觀，關懷苦樂或生死的問題者，為心理的、宗教的價值觀。此四種，總攝所有的價值觀。佛教以種種形式說明這四種價值觀，但在這裡不作詳細說明。

一、心經有空觀

依《心經》思想的價值觀，涉及到有、空二大概念，「舍利子！色不異空，空不異色；色即是空，空即是色。」所謂色者，即指一切物質的現象，可名之為「有」，所以「有不異空，空不異有；有即是空，空即是有」，不偏於有，不偏於空，為中道思想，是佛教正當的見解。《心經》調和了有、空的二大概念，並且以非有非空中道的思想為主體，於此實可看出《心經》於佛教思想史上重要的地位。

但有空的概念是怎樣的呢？有空的價值觀，分為現象的有空觀與本體的有空觀。前者為一時暫有的存在，即就現象界的諸法生起、滅盡、離散、集合上判斷有空的價值；後者於宇宙本體的如實相上判斷有空。《心經》中所謂「色不異空，空不異色」的兩句，為現象的有空的價值觀，其中前者說明空，後者說明有，顯示有空的不異。「色即是空，空即是色」兩句，這是為本體的有空的價值觀。前句同為說明空，後句說明有。現象的有空觀與本體的有空觀兩觀和合，即是畢竟有空觀。今分別說明現象與本體的有空觀：

第一、說明現象的有空觀：要說明現象的有空，可分為生成的、化學的、心理的三方面。

㈠生成的說明：一切事物的生成，必有其因緣。譬如說草木生起，必先有做為因的種子與做為助緣的陽光、雨露、土壤的和合，然後才有草木生起，這個說明一切事物皆因緣所生。這樣生起的東西，分明不能永恆存在。因為一切和合的條件各隨因緣遷流變化，潛移密化中漸漸失去事物的原貌，當因緣力盡時，事物即告毀壞而終歸於空，這是依因緣說為滅。人間的色蘊，即是肉體，當然也不能例外，必受因果律支配，由於因緣和合故有生滅的不定，由於依因緣而滅，故說色為無、為空，這即是「色不異空」，這是依肉體說為空。反之，肉體依因緣生，故說為有，這即是「空不異色」，這是依肉體說為有。畢竟生成的有空觀，都是依因緣和合與否為有無之論。

㈡化學的說明：前生成的說明，乃依縱的時間相，就物的生滅所得的有空觀。這裡所謂化學的說明，乃依橫的空間相，就物的分析上所得的有空觀念。依近代科學的觀點，一切物質，都是由原子集合成為分子，由分子集合成為物體，我們佛教也說物體是由極微（原子）的集合所成立。反之，個體的破壞消滅，乃因分子或極微的離散所致，畢竟物的有無乃由元素的集合或分散為標準。所以吾人依化學的實驗，將個體分為二分、四分、八分乃至無數分，到不可再分的地步，其結果殆近於空，這個空的觀念，佛教說為鄰虛空。把物體一經分析，即失去各個物的形體，其結果所得便是空，這樣的理解，佛教說為析空觀。這是低級程度的空觀，一切物體都依元素的集散，或有或空。色蘊即肉體，也是依於原子、分子、細胞的集散所構成的生滅。因為肉體或空或有，才可以說「色不異空，空不異色」。

㈢心理的說明：這也是依空間的認識上，說明有空的觀念。在主觀的心識與客觀的境物相對時，因有物的存在，吾人的心識才能發生認識的作用。試睜眼一看，就有色彩的世界，若側耳一聽，則有音聲的世界，乃至意識所緣的一切世界；反之，閉眼乃至遮蔽感覺，以及斷滅意識，則色彩的世界，一切感覺的世界，乃至意識的世界，都歸於空無。這個不僅以個人的心識為中心的處所，所有人間的心識生滅都依客觀的外界，或存在為有，或消滅為空無，都是同樣的事實。這是主觀的心理認識而觀萬物有空的價值，即是唯心的有空觀。今色蘊即肉體的有空，乃依於心識的有無，所以可以說：「色不異空，空不異色。」無論是化學的有空觀、心理的有空觀及生成的有空觀，同為有空，必受因果律的支配，可以想像的。前者依於元素的集散，即依因緣因果律，後者是依心識與對境，亦即依於因果的關係或有或空。故三種的有空觀，畢竟都屬於因果律，這在佛經說：「此生故彼生，此滅故彼滅。」也就是依於因緣生，故為有；依於因緣滅，故為空。

第二、說明本體的有空觀：前說的現象的有空觀，是於差別現象界，就各個物體一一的價值觀。今所謂本體有空觀，總賅森羅萬象，為全體宇宙的價值觀。佛教的本體觀，是超絕的本體與相即的本體觀，所以在本體的有空也有此兩種分別：

㈠超絕的有空觀：這個宇宙的本體，是超越差別現象界，不同於現象，是實在的、平等的、絕對的、唯一的、真理的、純善的、完美的；反之，現象界，是差別的、相對的、複雜的、虛偽的、罪惡的、醜陋的，所以宇宙的本體與現象界，是迥然不同。差別的現象世界，在人間相對的意識感覺前，是假無假有的世界。然這些意識感完全停止作用的時候，純粹的理智顯現，這個理智即能直觀完美宇宙的本體真如。現象界為差別的假有，本體界為空去一切差別的智覺作用，所表顯的都是平等平等，凡是超絕差別的相，就是空。故宇宙的全體，一面觀之為有，一面觀之為空，這即是超絕現象觀的有空觀，也就是法相宗、三論宗等的本體觀。

㈡相即的有空觀：本體與現象已如前說，是超絕的或各別的觀察，不是真實相觀。吾人於思惟的形式上雖然有分別的觀想，其實本體與現象是不能分離的。換句話說，現象中有本體的存在，本體與現象是相即融通無礙的，一色一香，莫非中道。這樣的觀察最切合宇宙的實相，這就是相即的有空觀。於因緣、因果的關係而現起如幻生滅的差別的世界，其本體是不生不滅、恆久普遍地存在。即生滅為假有的世界，即生滅為空無的世界，這即是華嚴宗、天台宗等的本體觀。

一般宗教哲學的思想，都是偏於一方，不是唯神論，就是唯物論。而偏於一方的思想，都不能契合於正道，只能看見片面的事理，不能實證諸法的實相。依佛法：對偏於常住實有的，說為常見；對偏於斷滅空寂的，說為斷見。這兩種偏見都為謬見的迷執，故同予排斥。而真正從證悟中得來的正觀，不偏於常，也不偏於空，乃貫徹現象與本體，真俗二諦圓融無礙的。故無論於現象的有空觀，或本體的有空觀，一面要滌除一切情見及相對的概念，一面要徹見一切現象的本質，安住在不偏於有，不落於空，真俗二諦無礙的中道觀。這種觀想，不獨融貫了現象與本體，也貫徹於宗教與哲學及倫理學價值觀。故《心經》中的「色不異空，空不異色」的前兩句，乃依現象的有空觀。「色即是空，空即是色」的後兩句，乃依本體的有空觀。五蘊第一為色蘊，即依此而表達不偏於有，不偏於空的非有非空的中道正觀。第二受蘊，「受不異空，空不異受」一一如前說，其理相同，總結地說：「受、想、行、識，亦復如是。」吾人的身體，即是色、受、想、行、識等五蘊要素的結合體，這一一的要素，都以不偏於有，不落於空，故用「不異」、「即是」來說明色與空的關係。不僅否定了相對的有空，進一步超越有空相待，而實證非有非空的中道觀，冥契畢竟絕待的空性，悟入佛教本質的思想——無我觀，基於無我觀而實行佛教救世的正道。這一段經文的解說，乃前說「五蘊皆空」的敷演細釋。

二、諸家中道觀

諸法的價值觀，即在探求諸法的實在性。無論說有說空，或實有論、皆空論，都是歸於正、反對立。而宇宙的如實相，本來唯一、絕對、平等，不落於有空的相對觀，若強以相對的觀察，即是非有非空，亦有亦空。實有論、皆空論，僅不過為如實相的片面觀，執有執空，都是偏頗。

今者不偏有空，以如實相觀想，詮表中道觀的妙義。中道觀，就是不偏頗於一方，或落於淺深，即在佛教思想史上也不得止於一邊。法相宗的唯識中道論，是以折衷有、空二大思想，為論理的顯現如實相。三論宗的八不中道觀，是超絕相對，依絕對的認識，直觀如實相。天台宗的三諦圓融中道觀，是即現象全體肯定本體，即於現象內在如實相的中道。

唯識法相宗的祖師無著、世親兄弟，都屬於有部的末派，大眾部❶化的化地部❷，及經量部❸，繼承現在有體、過去未來無體說。一方繼承《解深密經》、瑜伽部❹等唯識思想，說有體的現在法的根本，即是阿賴耶識，或說為心識，依此心識成立唯識中道論。即依三自性顯一切非有非空的存在，故不斷定為有為空，畢竟唯識所現為有，非是空，非識所現的為空，非是有。即依心識成立非有非空的中道觀，統一前面所說的有、空二大思想。

三論宗的八不中道的典據，即《中觀論》的卷首，「不生亦不滅，不常亦不斷，不一亦不異，不來亦不出」的四句四對。凡夫的迷執雖多，但總括不出此「生、滅、一、異、斷、常、來、出」的八計，這個說為八迷或八計。凡夫因有如此的八迷，故不能悟達佛所說的中道真理，故破此八迷，說八不中道，顯第一義。諸法的本體即菩提涅槃的真理，然凡夫依於情執而起八迷，若否定此八迷，則中道當即顯現。因此，《般若心經》中不生、不滅、不垢、不淨、不增、不減的六不與《中觀論》的八不，其中不生不滅是共通的，所以除去這二不，合為十二不。八不中道觀與十二不中道觀相同。

三論宗的中道觀，超越相對的差別現象，然只是偏於非空非有消極抽象的中道觀，故未能顯出空有相即、積極性的中道義，不能評價事實世界的真相，所以不能契合宇宙的如實相，與大乘佛教的真義——現象即實相，本體即現象，煩惱即菩提，生死即涅槃的真理也未相應。而立於「內在」積極的中道觀，即是三諦圓融觀的天台宗。對《中觀論》的八不說與空假中三諦說，即於《中觀論》超絕的中道觀而有「內在」的中道觀，特別顯示空假中三諦相即圓融的中道義。

所謂三諦，即空、假、中的三諦，其典出於《中觀論》卷四的〈觀四諦品〉「眾因緣生法，我說即是空，亦為是假名，亦是中道義」。所謂空者，即無差別相的平等性；所謂假名，即假現象的差別相；宇宙間無論從全體觀之，或從部分觀之，沒有一點的偏頗，並且是調和的，於空平等性中有差別相，這些空假全體即為中道，空假中三者圓融為一體，故萬物完全成立。若依三諦圓融中道實相觀，非是空假以外別有中道，而是一即三，三即一的如實相觀。唯識多明有義，故於三自性，擴大依他起性，一切依他如幻。三論多辯非有非空義，故於三自性擴大遍計執性，一法不立，有無皆遣，只顯空而未能顯不空的真理。按《起信論》說：只能顯如實空而未能顯出如實不空。天台宗的三諦雖帶有禪定的色彩，然皆不及《心經》的絕待空性，所以般若中普遍地運用「不異」、「即是」來說明色與空的關係，用來彰顯非有非空的中道妙義。以般若的空觀彰顯非有非空的中道義，詳說於次章。

註釋

❶大眾部：據《異部宗輪論》之記載，佛陀入滅後百餘年，阿育王君臨摩竭陀國，其時有龍象等四眾議論大天五事，因所議不合，遂分成上座、大眾二部。後大眾部又分成九部，上座部分成十一部，合其本末，總共二十部。大眾部，梵語 Mahāsamghika，音譯為摩訶僧祇部，又稱莫訶僧祇尼迦耶，乃大眾根本部，以大天為開祖。以緣起觀立論，主張「現在有體，過、未無體」，其特點為對佛陀觀念之理想化，與對現實生活之人間化。

❷化地部：梵語 Mahīśāsaka，又稱大不可棄部、彌沙部、正地部、教地部，其本體論立九無為說，主張「佛與二乘，皆同一道，同一解脫」，揭示真智本體實無差別，富於「吾人即是佛」之大乘先驅思想。

❸經量部：梵語 Sautrāntika，又稱說度部、經部、說經部、僧迦蘭多、修多羅論、師長部，此部鳩摩羅多論師之思想為大乘唯識「道理三世」之先聲；又此部之「細意識」，亦為本識第八阿賴

耶識之先驅思想。

❹ 瑜伽部：漢譯《大藏經》之論部，廣收諸種著作，分為：釋經論部、毘曇部、中觀部、瑜伽部、論集部等。瑜伽部即為其中的一種，收有瑜伽派（唯識派）之論書，如《瑜伽師地論》一〇〇卷、《攝大乘論》、《唯識二十論》、《唯識三十論》等。

九、般若心經的世界觀

前章以人間觀為主體，說明佛教的觀察法，特別就《心經》的人間觀，力說人空觀的要諦。從這章起，就人間的對境宇宙，即人間所依住居的依報，說明佛教觀察的見解，特別依《心經》的理解，說明法空觀。即《心經》的組織中，所謂宇宙觀也就是依報的處所。就中更分世界觀與人生觀，先從世界觀說起。

舍利子！是諸法空相：不生、不滅，不垢、不淨，不增、不減；是故空中無色，無受、想、行、識。無眼、耳、鼻、舌、身、意，無色、聲、香、味、觸、法。無眼界乃至無意識界。

這正是《心經》的世界觀。但這個並非是佛教世界觀的全體，僅不過其一部分而已。佛教把世界分為三世間：生物，即有情的正報，說為眾生世間；其依報即所依之山河大地，說為國土世間，又名器世間。以前兩種世間為組織的要素，就是五蘊世間。今《心經》以部分為要素，僅以說明五蘊世間為主體，實缺少國土世間的說明。正報有情世間，前章僅說了一部分，尚未盡其全體，這些不足的問題當依次補充。其實有情世間的全體說明，應該在前章正報人間觀中，這與國土世界的說明有其不可分的關係，所以於便宜上該同時說明。

依照《心經》說這一章為說明三世間中的五蘊世間，就中分為兩段：前一段「舍利子！是諸法空相……不增不減」為總論抽象的法空觀；後一段「是故空中無色……乃至無意識界」，這是依蘊、處、界的三科說明諸法各個場合的空觀。由於五蘊皆空，十二處、十八界諸法亦空，此可參照《心經》的組織。

一、諸法空觀

關於空的概念，前章已詳細說過，但前章是以有情為主，特別是以人間為主的空觀，即是人空觀，或我空觀。這章是以主觀人間的對境，說明諸法的空觀，即是說明法空觀。佛教總說這兩種空觀，或說人法二空觀，或說我法二空觀。依佛教空觀思想的完成上說，於人空觀之上不可不說法空觀，這是空的究竟觀。

有情的人間生命體，是無自性、無固定性，是變化無常的。其客觀的諸法也同樣地是無自性、無固定性，是變化無常的。由於無自性、無獨立性，所以一切法才可以現起。故《中觀論》曰：「以有空義故，一切法得成。」吾人審思世間一切現象，若認定皆有其固定的自性，或善、或惡、或生、或滅，一成不變，則是墮於偏見，遠離真相。佛教在破除極端偏見而以悟達中道實相為目的，故否認一切或斷、或常的偏見。在《大品》中普遍運用不入不出、不增不損、不垢不淨、不生不滅、不取不捨，以掃除一切偏見。繼承般若空觀的思想，興起大乘佛教空觀的三論宗祖師龍樹菩薩，其所著《中觀論》（依空觀說明中道實相，共四卷）的卷首，即說「不生亦不滅，不常亦不斷，不一亦不異，不來亦不出」等八句四對（龍樹八不中道無異脫胎於《大品》十不中道）。凡夫雖然有許多思想上的迷謬，但總不出這生、滅、一、異、斷、常、來、出的八種，此即所謂八迷。這些都是執定一切事物有其不變的自性而偏於一方的偏見，都是不契合於諸法的真相。要觀察宇宙間唯一的、中道的真相，這些「生滅」乃至「來出」等的相對二見，到底不可能為諸法的正觀。要打破這些相對的偏見，才可說為正見正觀。今這八迷是用否定的「不」字，不生不滅乃至不來不出，是表示不涉於相對的二見，打破固定性的偏見，以唯一中道實相為正觀，說為八不中道觀，即是悟此中道觀。般若正統系三論宗，是發揚龍樹的八不中道的主義。而今《心經》亦有「不生、不滅，不垢、不淨，不增、不減」的六不，卻巧與《中觀論》的八不說如出一轍，兩者的思想完全相同。不僅《心經》是這樣，在《般若經》中到處有如此否定相對的說法，所以說龍樹菩薩為般若思想的繼承者。《中觀》的八不與《心經》的六不中，不生不滅的一句是相同的，可歸攝為一，其他合併立為十二不中道。

就八不或十二不的一一說明，三論宗有獨特的解釋。但今以《心經》為主的空觀，在前章已說過是解釋七空相為主體的，今以不偏於宗派的見解為解釋。

不生不滅　此明諸法自性空。依照諸法表面觀之，都是依因緣而生，依因緣而滅，生滅沒有一定的時間。由於諸法空無自性，故沒有固定性的，因此也就沒有實在的生，實在的滅；既不見生，也不見滅，這是中道的實相觀。然世間人缺少正見，不了諸法空無自性的戀世者，即以生為喜，以滅為厭；反之，厭世主義的人，則厭生欣滅，都是落於極端的偏見，不契合於中道的實相。

不斷不常　世間人迷於因果相續的真理，或說人死以後，身心一切都歸於斷滅，如同油盡燈熄一般，還有什麼東西相續？這叫作斷見。或相信生前死後有個靈魂，是常住不滅的實在，外道婆羅門教、耶教徒都有如此信仰，這叫作常見。無論是斷見，或是常見，佛教都不採取。以一切法因緣和合而生，故非斷滅，以因緣分散而滅故不是常，以不斷不常的中道，為佛法的生命觀。以人死亡之後，或諸法滅盡時，在形式上雖有變化，但實際上緣起緣滅，因果相續，這即是生命，吾人的生命實是不斷不常的。

不一不異 「一」是同一平等義，「異」是彼此差別義，於哲學上就是宇宙的本體與現象的關係，於宗教上為神與人的關係。兩者或說為同一平等的，或說為全然差別的。前者為否定現實差別的世界，而想像為一平等無差別的世界，這當然是沒有的事。後者認為神與人、本體與現象彼此完全不同，故不能發揮神人父子的關係及一切眾生皆成佛的理論，乃至本體即現象，神人同體最高的實相論。反對神與人一體平等理論，這是一神教及其他宗教所主張，且都墮於此弊。佛教對本體與現象、佛與眾生，說為不一不異的中道，亦即是本體即現象，差別即平等。

不來不出 世間的苦與樂，大都認為從外界來的，即如在自己以外有個上帝，或是自在天，或運命等，賦予人間痛苦與安樂，此即神權論、天命論、運命論的主張；反之，認為苦與樂完全是由自身出來的，即自作自受的自業自得說。兩者都是極端的偏見謬解。佛教根本否認有個賦予人間苦樂的神或大自天、運命等。苦與樂，實緣於主觀的六根與客觀的六境相接觸所生，不但非是從外而來，亦非從內而出，乃是依於主客內外因緣和合，說有苦樂生。

不垢不淨　垢為垢穢，就是煩惱垢污的狀態；淨為清淨，即解脫煩惱的狀態。前者為凡夫，後者為佛陀。佛與凡夫如前所說，非是本質的相異，就屬性的煩惱與菩提（覺即煩惱解脫的狀態）說，其本質上非是全然不同。煩惱為人間生命情意本態的總稱，若把它們純化、淨化了那就是為佛，亦非有個煩惱性可斷滅。因為煩惱根本無自性，菩薩於諸法空相上，既不見垢，亦不見淨，故說煩惱即菩提，無明（根本煩惱）的實性即佛性，故說為不垢不淨的中道。

不增不減　此明七空相的無所得空。好比大海裡有許多波浪，小波大浪，見其不斷湧起、翻捲、消退，有時漲潮，有時退潮；不管它如何變化，其水性卻從來沒有增減。生滅變化的增減只是表相，所以天地間雖有森羅萬象種種消長差別，但其本體上不增不減。前說的不生不滅，乃依表面的現象界說；今不增不減，是依裡面的本體說。以諸法空無自性，而此空性，非是先無後有，或先有後無，故說不生不滅。而空性的本質，非染非淨，故說不垢不淨。而此空性，非因證而增加，亦不因未證而減少，故說不增不減。悟入畢竟空性，離一切相，故說：「是故空中無色，無受、想、行、識。」

以上八不與六不合為十二說，總括宗教、哲學上的一切問題，由此可看出佛教的判斷的標準及修道的法則。特別是《心經》以此六不三對的否定法，把世間一一的相對概念都遮遣了；從此否定的方式中顯出絕對的空性，是故六不三對不僅具有否定一切相對的空性，並且超越空有相待而實證「不生、不滅、不垢、不淨、不增、不減」中道實相的空性，完成從空觀到中道的架設橋梁的任務。

二、三科空觀

構成宇宙的一切事物，名一切法，或稱作萬法。佛說此一切法，可能為其代表的，就是五蘊、十二處、十八界的三種，及色、心、心所、不相應及無為的五位分類法。前者三科的分類法比較古老，印度古來宗教哲學家於諸法分類大致同此見解，故此三科並非世尊的創造，只是經世尊融貫改造成為佛教的分類法。

所謂三科，科是品目義，就是把宇宙萬有諸法從無量類分為三類，一、是五蘊分類法，二、是十二處分類法，三、是十八界分類法。就中的五蘊，前已說過，今僅就十二處與十八界分別說明。十二處為十八界中的一部分，名義均相同，故以說明十八界為主。

所謂十八界，即眼根、耳根、鼻根、舌根、身根及意根，總名六根。色境、聲境、香境、味境、觸境及法境，總名為六境。眼識、耳識、鼻識、舌識、身識及意識，總名為六識。六根、六境、六識合起來，總稱為十八界。界者，梵語馱都（Dhātu）為種族或種類義，這相當於論理學上所謂類概念、種概念義，即是把諸法分成十八種類，所以說為十八界。此中六根的根，為發生認識作用的中樞機關，佛教解釋此根為勝用增上義，即是有強力發生認識的增上力量。如圖示：

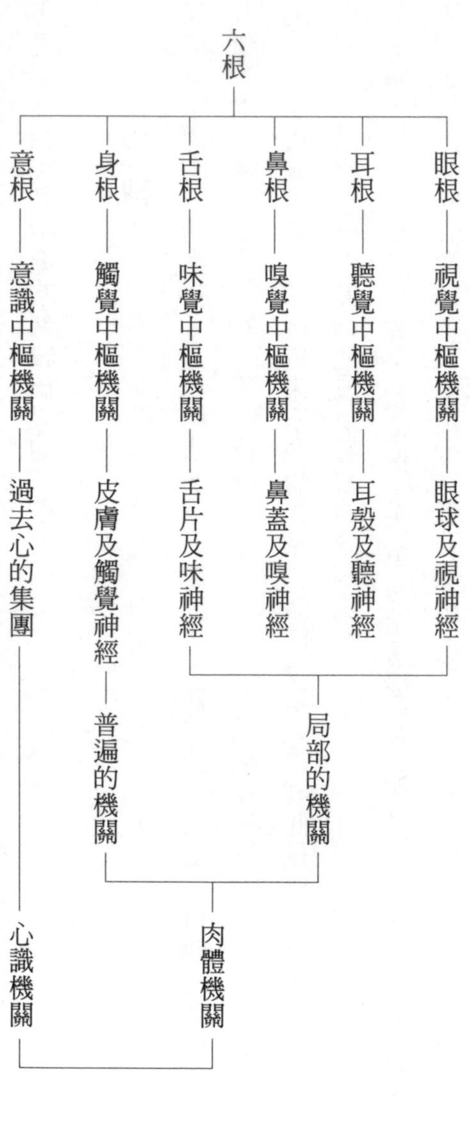

眼、耳、鼻、舌四根位居於面部；第五身根，遍在身體的全部，這是任何人所知道的。而此五根都屬肉體機關，表現於外部的，例如眼球乃至皮膚稱為扶塵根。潛在於內部而有微妙神經，名為勝義根。所謂塵者，乃粗惡棄捨義；因為眼球乃至皮膚，比較神經為粗質。無論是眼乃至身的五根，都為肉體的機關。第六意根，為意識的中樞機關，吾人現得的心識，乃過去的心識的再發再現。過去落謝心的集團，說為意根，可說為過去的心識的一切經驗總體，其為精神的總機關。次為六境，即前六根各個的對境，依人間主觀的六根分緣客觀的世界，即色、聲、香、味、觸、法的六境。其前五境，依次第為眼、耳、鼻、舌、身五根的中樞機關的對境，為部分的世界。第六法境，為第六意根的對境，即色心一切世界，為物質界與精神界一切世界的總稱。意根以三世十方的一切色心世界為對象，引起意識的作用。最後所謂六識者，因主觀的六根與客觀六境的接觸所起的認識作用的分類，因此亦分為眼、耳、鼻、舌、身及意的六種。譬如因眼根與色境接觸所起眼識，即是視覺；因耳根與聲境的接觸所生耳識，即是聽覺；乃至意根與法境的接觸所生意識，故六識的名，依各個主觀的六根而得名。即前五識視覺、聽覺、嗅覺、味覺、觸覺，及第六識意識。而意識更為統一前五識的主體。試圖示十八界的關係於次：

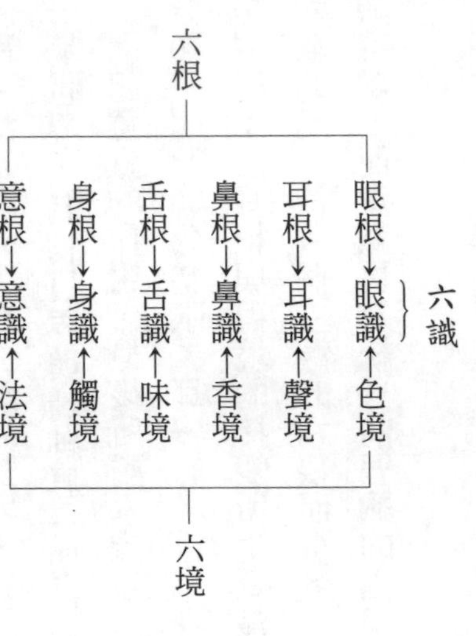

↑圖示識發生及對境的認識

此中六根與六境，總稱為十二處，或曰十二入。「處」的梵語 Āyatana，是生長門之義，謂六根六境，依其接觸而生長六識的場處。三科中，五蘊的分類法，原來是就一個人的生命體所作的分類，若是依此五要素的分類法，即可看見世界的組織分類。由此觀來，三科即是一切世界組織的要素及諸法的分類法。把同一世界或分類為五種，或十二種，或十八種。這三種的分類，畢竟為同一世界大體上分別，要是細分就有許多不同，要是從其範圍寬狹分配三科，即可使彼此互相攝盡。今依三科配合，圖示互相關係如次：

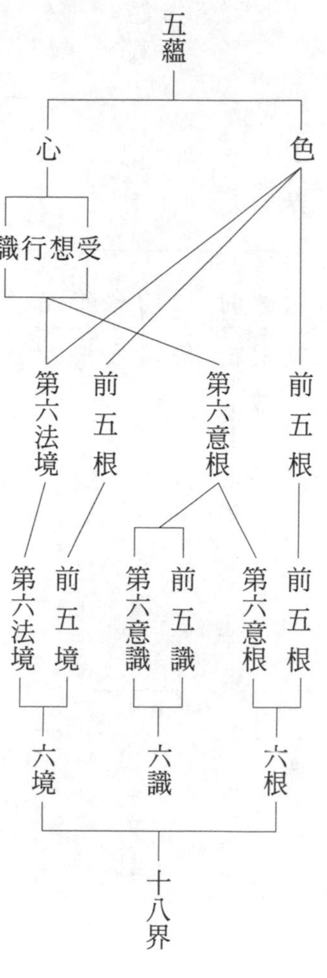

十二處中的眼、耳、鼻、舌、身的前五根，為肉體機關，所以該當五蘊中的色蘊。受、想、行、識四蘊屬過去落謝的，即為十二處的第六意根。又依此意根發生現在的四蘊，所以兩者只是時間的相違，而其本質同一的。第六法境，包含色心一切法，所以該當五蘊的全部。十二處的第六意根與十八界的第六意根是同一的。六識的過去落謝的，即是第六意根，復依第六意根而發生現在第六識。所以十八界的意根及六識，為十二處的第六意根所攝盡，同時該當五蘊中的四心蘊。其他的關係準前可知。

同一世界，為什麼要從三方面分別粗細呢？其目的何在？此中只是一種的分類，非是多種。為什麼佛陀要併用此三科呢？這些在世親菩薩《俱舍論》第一解釋，世尊為應佛弟子或教徒的性質而分三科，或五蘊、十二處，或十八界，以此三種理由而分別三科。第一，為有情迷眾生說：

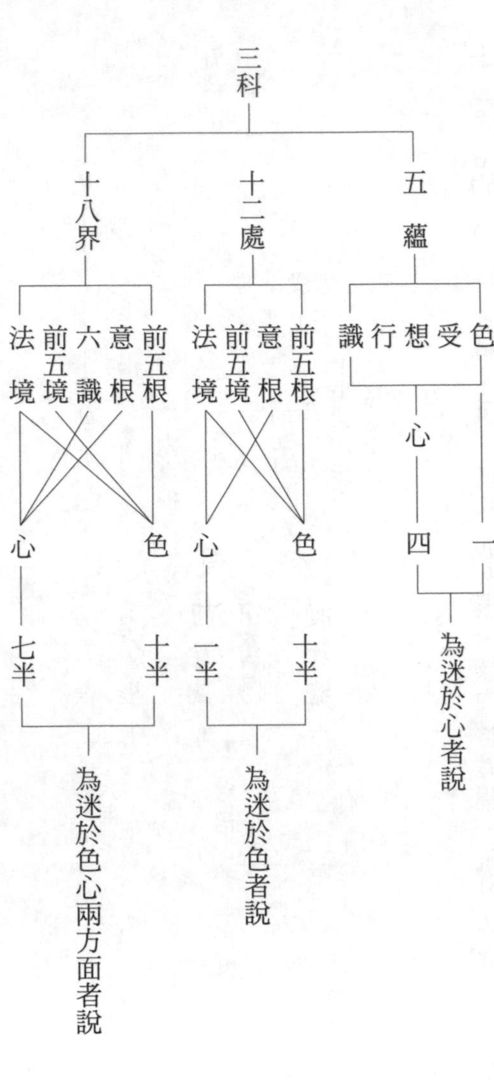

因有情的根性有種種不同，有的是迷於心的道理，也就是不了解精神的現象，所以佛便說五蘊而詳於心理；有的是迷於色的道理，也就是不明瞭生理或物理現象，於是佛便為他說十二處而詳於色法的種類；更有的是對於色心兩方的道理都不懂，於是佛乃詳說十八界，把色心兩方的大作用說個分明。第二、為應有情的智識程度者說。那就是為利根有情略說五蘊，為鈍根的有情廣說十八界，而為中根者繁簡得宜說十二處。第三、基於有情的希望而說。即為希望略說的，說五蘊；為希望廣說的，說十八界；為希望中庸的，說十二處。然則說三科的目的，究竟是為分析人身？抑是為分類世界？從人及世界都可以看出種種要素的因緣結合及相依的關係，現象界人身的諸法都是假和合的東西，依種種的關係一時的存在，都無固定性、無自性、無我、空，佛陀為貫徹無我主義，顯示空無自性，故運用三科分類法以明此理。原始經典的《阿含經》，雖到處都說無常、空、無我、無自性以及五蘊、十二處、十八界等的三科說法，然依其義，其思想並非究竟。由此看來，三科說法的目的卻與《般若心經》的空、無我、無自性的說法為一致，若以空為正當解釋，三科即獲得無我的結論，所以無色，無受、想、行、識乃至無意識界等。而《心經》非是特別表現空、無我等佛學的必要概念，因為空、無我、無自性的真理，自原始佛教「阿毘達磨」化後，一部分學者即分別五蘊、十二處、十八界等的法相，專心於諸法的分析說明，走上哲學理論的末路，從事於思想的遊戲，把概念思想當為佛教的真理，忘卻佛說三科的動機及其目的，所以不能徹見空、無我的真理實相。依於三科的說法，引起教學上的執著，以有相派對抗實相的教義。「般若」揮其無我、無自性的空劍，即在打破三科的固定性教相，否定概念的真理，揭出絕對的真理生命，把天地宇宙間五蘊或十二處、十八界所有的種種差別相，如風掃落葉一般，掃除、超越了種種差別相，徹見平等中道的大法則，把普遍一味的真理活潑潑地顯露出來。這個大法則、大真理就是「般若」的理智。《心經》為要建設這種理智，故打破三科教相，否定三科的教法，所以說：「是故空中無色，無受、想、行、識。無眼、耳、鼻、舌、身、意，無色、聲、香、味、觸、法。無眼界，乃至無意識界。」即是徹底顯示六根、六境、六識都是空無自性，以揭出諸法空觀，力說中道觀為最高的目標。

十、般若心經的人生觀

佛教的宇宙觀，通常分為二大別，即是自然界與生物界。前者為生物界所依住，如同容器，故名為器世界；後者稱為有情世界。前章對自然界即器世界觀已略說過，今者說明生物界即有情世界觀。有情世界，下從地獄、餓鬼、畜生、修羅，以及人間、天上，共分為六道；再加聲聞、緣覺、菩薩及佛的聖賢四界，稱為十法界。但聖賢的世界，超越一般有情世界，就是宗教世界，非是有情界的中心。但人間的主要，並不出聖賢的世界，且佛教所說的言教，於六道中，都以主體的人間為對象，所以擴大地說為有情世界觀；於狹義地說，即是人間世界觀，所以今於此特別名為人生觀。

人生觀的主要問題，即是觀察人生的起源、現實及理想、倫理道德等問題。今《心經》說明人生觀起源，即是：

無無明，亦無無明盡，乃至無老死，亦無老死盡。

這是解決人生起源的問題。

無苦、集、滅、道。

這是解決人生現實及理想的問題。

無智亦無得。

這是解決倫理道德的問題。

僅以此數言即可網羅人生觀的主要諸問題，以般若空義為根據，來解決這些人生的問題。

佛教說明人生起源問題，或說十二因緣，或說十二緣起觀。所謂因緣，即原因及助緣之義；所謂緣起，即因緣的關係，為人生的生起義。依因果說明人生的生成程序，即十二支或十二段，為十二因緣說。今「無無明……亦無老死盡」，這一段文，正是出於十二因緣。佛教說人生的現實及理想的問題，說為四諦。諦者真諦、真理義，以四種分類說明現實及理想的真實相、如實相，即苦諦、集諦、滅諦、道諦的四諦說。今「無苦、集、滅、道」，這正是《心經》的四諦觀，亦即現實及理想觀。佛教道德的分類亦有多種，但以六波羅蜜多，即以六度為最高道德觀。今「無智亦無得」一句，正是出於六波羅蜜多的中心，《心經》的主義，即是力說般若波羅蜜中智慧波羅蜜為第一。若說《心經》的這段文字包括了人生所有的問題，特別是佛教人生觀的諸問題，亦不為過言。

古來佛教的修學者的分類，通常分為聲聞、緣覺、菩薩的三乘。聲聞者，即親聽佛陀言說，聞其法義，信受奉行，安心立命的部類。緣覺者，或稱為獨覺，不需親聞佛陀說法，乃獨自觀察天地自然的因緣生起及人生因果生滅的道理，所謂以無師獨悟的態度悟入宇宙人生真理的部類；因覺悟因緣因果的真理，故曰緣覺；以無師獨悟的關係，故名為獨覺。次為菩薩，即依自利利他的道德實踐體驗，說為成就佛道的部類。而聲聞、緣覺、菩薩的三部類，其各有相應的教理，以其教理，或解脫生死，或成就佛道，達到理想境界，所以三部類的教理，總稱為三乘。

聲聞，乃依四諦的教義而悟道；緣覺，乃依十二因緣之理而悟道；菩薩，依六度行而悟道。聲聞、緣覺、菩薩的三乘，依次配合四諦、十二因緣、六度專門學科，這是古來佛教的判斷，特別是天台家所主張。今《心經》依緣覺、聲聞、菩薩次第配合十二因緣、四諦、六度順序，富有初期大乘佛教的面貌。《心經》即採用這個程序。如依從佛陀思想成立的程序，這十二因緣、四諦所表現的教義，其修行程序實有修正的必要。應依佛陀聽法的聲聞，進至無師獨悟的緣覺，從聽聞信解四諦教義而內省靜觀，深入十二因緣的道理。所以天台家即基於這種程序，故有聲聞的四諦觀、緣覺的十二因緣觀次第，再進一步有菩薩以六度觀為最高大乘教，即菩薩教義。佛教主要的目的，非僅限於教理觀念，乃在實踐道德；而實踐道德，則以六度列為最高的法門。

依修行的程序，應由淺而入深；今《心經》先說中乘十二因緣，次說小乘四諦，後說大乘六度，這未免不合三乘思想修行的程序。但依諸法空相說，三乘次第皆是假立，《楞伽經》曰：「初地則為八，十地則為初，何以故？無所有故。」又有什麼次第呢？今為符合修行層次，不妨方便調整《心經》的文序，以四諦、十二因緣、六度來次第說明。

一、現實與理想

佛教的現實觀及理想觀，就是苦、集、滅、道的四諦教理，這是世出世間的根本觀。四諦中的苦諦，為人生現實的價值觀；也就是說，人生現實的世界，具有生、老、病、死的四苦，及愛別離苦、怨憎會苦、求不得苦、五陰熾盛苦的四苦，合成為八苦。所以現實的人生縱許有一時的快樂，但其結果終離不了這八苦，在這八苦的世界裡怎麼能安心樂道？因此人生本能的要求，就是要離苦得樂，更進一步就是自覺解脫。

要講離苦得樂，第一步不可不探求這個苦果生起的根源。佛陀所揭示苦的原因，即是不道德的行為；不道德的行為所造成的罪惡，即是煩惱的業，這個業為苦的原因；由此集起招感苦果，所以這個稱為集諦。集諦實是苦諦的原因，苦諦實是集諦的果，苦、集二諦有因果的關係，有人稱之為俗諦因果，也就是世間的因果。要具體了解人生因果現實，最明顯的，就是同生於人間，為什麼有貴賤、貧富、強弱、憂喜、苦樂等種種的差別？不了解其原因的人，不是將其歸之於神意，就說為天命或運命等。於是祭祀神，禱告神，哀求神的同情，想以此求得離苦得樂。這樣的人類，心靈永遠受著他力的羈壓，失去自由獨立自覺的意志，誠屬可哀！所以佛陀根本否定一切神教，排斥一切祭祀萬能主義，指出人生現實苦惱的根源，不歸於超自然的神格，也不屬於萬能的造物主；乃在於吾人自身的造作。故創立人間本位倫理的宗教，把人間從神教的羈壓中解放出來，恢復人類的自由獨立，促進人生自覺的進化。苦樂的內在原因，存在於人的自身，即因過去的造作善惡諸業，而招感自己現在的結果；現在自己的因應造作，又將招感自己未來的果報。一切苦樂的原因，都歸責於自身，若依於自己的自由意志，努力地止惡行善，便可開拓美善的世界，創造安樂的人生。

所謂滅諦，即是滅除現實苦的原因——煩惱業，離開現實苦而達到解脫的境界，所謂苦滅聖諦，或曰苦集滅聖諦。佛教的理想，即是涅槃。佛陀於成道時即現身證得滅諦涅槃。滅諦涅槃的境界，是聖者體驗的境地，乃超越吾人的意識，不可言不可說的絕對境。不得已，假以言語來形容，即是自由、安穩、清淨、善美的境地，入此境地的人格稱為佛陀。把這個境地，或說涅槃界，或涅槃的樂土，或曰淨土，然而絕不同於其他宗教所謂的天、神、靈的世界。

通達此滅諦涅槃的理想境的方法，稱為道程，又稱為道諦；換言之，即是解脫道。此道諦實踐的內容，總稱為三學、八正道、六度等的道德，依這些道德的實踐而達到涅槃的理想境界。

滅諦為道諦的結果，道諦為滅諦的原因，故滅、道二諦間有因果關係。這與前說的苦、集二諦形式相同，然滅、道二諦的世界，即是把所有的苦、集二諦滅除後所得的理想世界。所以苦、集二諦為俗諦，即為世間的因果；滅、道二諦為真諦，名出世間宗教因果。

以上僅說明四諦教理的概念，但這個四諦的概念說明並非完善的，這是原始佛教根本的教理。要實現四諦真理，必須揮以般若的空劍斷定「無苦、集、滅、道」。把原始佛教根本的形式主義否絕了，實現「般若」的四諦觀，否定了概念的分析與諦理的說明，建設其不可說不可壞的奧妙真理。四諦的教理是世尊大智所證的真理的表現，所以四諦獨有其真理的開顯。要是徹見宇宙真理，則苦諦即滅諦、集諦即道諦，苦集俗諦，即滅道的真諦，所謂真俗不二。非是離世俗諦外，另有真諦，亦非是現實世界外，另有理想的世界；更不是說，離開現實苦的世界，而有超自然的、超人間的理想極樂涅槃及佛陀聖者的世界。所以，佛教不同意婆羅門教、基督教所說離開人世間別有天堂。

佛教所說現實即理想，世出世間不二，真俗不二觀，絕不是苦、集二諦以外，另有滅、道二諦。在兩者的本質上並沒有不同，轉苦、集二諦為純化處，即是滅、道二諦，故四諦無論從橫的或縱的方面觀之，四諦是唯一的真理，以此為法則，名為真理，名曰法界，名為佛，這即是般若大智慧現前的真境。所以一切言教所表現的真理，或從真俗因果的四面分析所得的真理，如依「般若」的見地觀之，都屬概念的言教。且真理絕沒有四種，而是唯一絕對的。這個唯一絕對的真理，是超越了吾人相對的思惟、分別的意識，是離去言語的形式不可說不可說的境界。反之，概念的四諦，非是絕對的真理，故《般若心經》用肯定的詞句斷言「無苦、集、滅、道」。

這是警誡聲聞徒眾要忘卻概念的真理，要實際體驗絕對的真理。以般若的批判聲聞的人生觀，再進一步即入大乘的人生觀，否定四諦成為般若的見地，非為破壞而破壞，乃為絕對的真理而破壞。在「無苦、集、滅、道」的否定命題中，含有無盡藏的真理的意義，所以吾人不可不依「般若」的四諦觀，做為吾人的人生觀及生活態度根本的原理。

二、緣起與輪迴

有情眾生，隨因緣變化，生而死，死而生，流轉六道，謂之輪迴。佛陀把生命流轉的過程說為十二支，名為十二因緣或十二緣起。佛教的輪迴說，即是建立在十二因緣說上，故今略為說之。所謂十二因緣者，即無明、行、識、名色、六入（或曰六處）、觸、受、愛、取、有、生、老死的十二支。

第一項，為原始的十二因緣觀，我們用逆觀的方式說明此十二支：

老死　無疑地這個世界是苦的世界，苦又分四苦、八苦等，其中老病死的苦，為最大的代表者，所以現實的苦，就是老死。然這個現實的老病死的憂悲苦惱，是從何因緣而來？其原因何在？這是因為有「生」。

生　因為有生，所以要受老死的苦果。所謂「生」，就是生於此世界的一剎那。若嚴格地說，即指託生於母體的一剎那。就受生於這個世間，亦非是無條件，然則為何因緣而生於這個世界？即是未生以前存在的「有」。

有 吾人於受生以前，不是沒有時間與空間的世界，那個世界在吾人未生以前即存在，名為「有」。要具體地說：分為欲有、色有、無色有，而此三有所依的器世界及有情世間，都為業報所感，這即構成吾人生命意志直接活動的根據。這個「有」的中心作用，就是所謂「取」。

取 所謂「取」者，即取著或執取之義，把自然界執著為我，不捨執著、著取，即是意志的作用，這個世界實是意志流動相續不斷的處所。但這取著的作用生起的根源，就是有「愛」。

愛 所謂「愛」者，即貪愛、欲愛，為生存欲望。依其對境，分為貪欲、財欲，即所有欲；色欲，即性欲等，這是生命的生存欲。但初步所能引起心理作用的，是因為「受」。

受 所謂「受」者，即苦樂的感情。要是沒有苦樂的感情，也就不會引起生存欲的愛。反之，要是苦樂的感情發生於離苦求樂的處所，即有受生起，受實是愛的緣。所以受屬於感情作用，但受又由何因何緣而起呢？是因為「觸」。

觸　所謂「觸」者，為依主觀的五根與客觀的五境接觸所起的作用。若依主觀地說，即感覺；依客觀地說，即刺激。有情生物常受外界的刺激而有感覺，這個感覺為誘起苦樂感情的因。而此感覺，必有感覺的機關，這個機關即是「六入」。

六入　即眼、耳、鼻、舌、身、意的六根，因為接受外界的刺激涉入，而產生感覺知覺的認識作用處所，所以名為「六入」，或「六處」。若沒有感覺機關，也就不起感覺的作用，故「六入」實為觸的因。這些感覺機關的生命組織體是什麼？就是「名色」。

名色　所謂「名色」，名指心，心，是無形無色的，故不得已，假「名」字以代表之，故說心為名；色，即通常說的肉體，故所說名色，即指六根尚未生長之前的心身之和合體。感覺機關緣此名色而有六根；設無名色，也即沒有六根，故六入實以名色為因。這個名色，即身體的本質，但名色又因何而有？即因「識」而有。

識　所謂「識」者，非是指意識作用，而是指最初託母胎的生命體。要依五蘊的分類說，即為識蘊。名色、六入等，隨有情一期生命死亡同時斷滅，唯獨這個識貫通過去、現在、未來的三世不斷地相續。其生時處位為名色、六入等為自己的業力因緣所成。因此「識」在十二因緣的流轉不息中，成為輪迴的主體。然此識貫通三世，相續活動依誰為其原動力？佛陀說此原動力歸於「無明與行」。

無明與行　無明即是眾生根本的煩惱，為盲目的情意力，為識的發動力。行，為過去意志行為所留下的潛在能量，故有造作的功用，含有善惡、強弱等性質。

以上十二因緣中，無明與行二支，為輪迴的原動力，識、名色、六入、觸、受五支為人體機能的分類。依照五蘊說，就是把自我分析為五類，這是輪迴的主體；就中以識為自我生命的本質，為主體中的主體。而無明、行乃至生、老死的次第，正是流轉的過程。輪迴的原動力，也就是人間生成緣起的根源，其他宗教或說為神，或說為運命，或天命，都是錯誤的。佛教以無明、行（業），為有情生命輪迴的原動力，即是輪迴的本質，其為有情生命的本質，此識依著無明與行的動力，由過去貫通於現在及未來。此輪迴主體的識，有獨立的意義。對於輪迴再生的問題，可能依自由意志、責任、努力、開拓、創造等。依此可說明三世因果的形式，即由過去煩惱業為因，招感現在苦果，復由現在煩惱作因，再招感未來苦果。如此，苦樂因果相續，即顯示輪迴的過程。

第二項，《心經》的十二因緣觀，前說的十二因緣為佛陀成道以前的觀想法，在觀念上分從順觀與逆觀的兩方面；在意義上，多從生成的觀察與滅盡的兩方面觀察。逆觀者，以老死的事實為出發點，逆觀十二支的因緣，找尋歸納出生、有乃至行、無明的原因，這個名為探求歸納的觀察。順觀者，即順十二支的次第，從無明、行的原因為出發，逐一演繹出識、名色，乃至生、老死的事實，這個名為推及演繹的觀察。所謂生成的觀察，就是說明十二支「此生故彼生」因果生成的狀態，說無明緣行乃至因生而老死等，即所謂流轉相的觀察。所謂滅盡的觀察，就是說明十二支「此滅故彼滅」因盡果滅的狀態，如無明因滅則行的果滅，乃至生的因滅，則老死的果滅，即所謂還滅相的觀察。這裡先說明十二支，依逆觀與順觀，是佛陀第一所用的觀察法。佛陀依四方面作實際觀，合逆觀與流轉觀，以「生為老死本……依無明而生行」觀。次為合順觀與還滅觀，即「無明滅則行滅……生滅則老死憂苦惱滅」觀。這四方面的觀察，該為十二因緣觀的規準。佛陀說十二因緣的目的，不僅為探知人生現實生老病死的憂悲苦惱根源，乃在於斷盡生死的根源，而悟入涅槃妙境。後來的佛教學者，不了解佛陀說法的意義，把十二因緣當為生成緣起的哲學，特別是阿毘達磨哲學化的《俱舍論》，把十二因緣當成生理發達的過程，《唯識論》當成發生認識的過程，都是基於生成緣起的說法。於是十二因緣成為哲學化的緣起論，故不能徹見緣起的真理。倘欲徹見佛陀的真意，當以《般若經》，特別是《心經》的十二因緣觀。故《般若心經》基於順觀與流轉用，流轉與還滅的二觀而說。

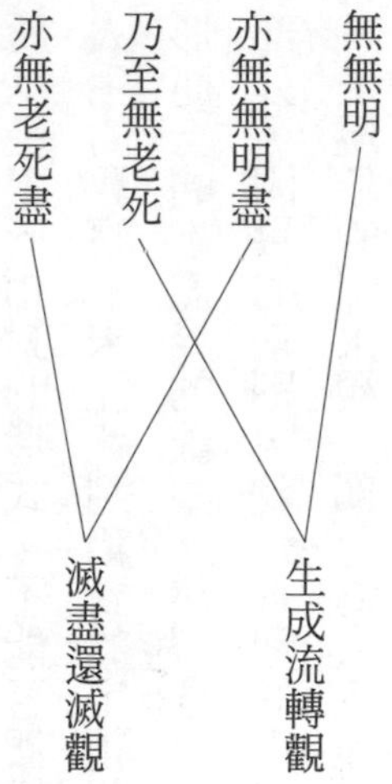

無無明　　　　　生成流轉觀
亦無無明盡
乃至無老死
亦無老死盡　　　滅盡還滅觀

這是佛陀所謂生成流轉的觀察與滅盡還滅的觀察，是相互交合組織的。

無無明，乃至無老死，
無無明盡，乃至無老死盡。

「乃至」是表示首尾概括的連接詞，概括從無明到老死的十二支，所以《心經》數語，即能明瞭十二因緣的生成觀與滅盡觀的二觀。而且基於般若的空觀主義，以否定的「無」字，而否定了上面兩種觀，為十二因緣的真髓最高調的一段。因有「無無明盡」等，若從文法上說這是二重的否定，畢竟無明無限地存在，要把這個當為肯定的思想，那是誤解的想法。

《心經》既然揮著這種智慧的空劍，為什麼還說十二因緣的兩面觀，並且否定了十二因緣的傳統教義，其用意在哪兒呢？這有兩個意義：一、從對外破邪的態度，而消極打破十二因緣概念的教義。換言之，事實的十二因緣，是緣起的真理，未可接觸者。十二因緣，無論是順觀，或是逆觀，或生成觀，或滅盡觀，都是單依教理所構成形式的概念，非是事實的人生觀，亦非實踐的規範。由於未能體驗到最高緣起的真理，所以《心經》破邪的態度，正因此而積極。二、從對內的顯正態度，而積極地發揮般若的理智。也就是要建設形而上的宇宙的真理、天地大法則，高唱般若的主義，從十二因緣的相對因果觀而達到般若絕對的平等真理觀，從個人的人生觀而進步到絕對的宇宙觀。般若的論理，雖常以消極否定的表現法，但其裡面所顯現的卻是積極的般若真理。十二因緣因基於相對的因果形式，所以受限於相對的形式，不能直觀絕對平等的真理。而且十二因緣僅從個人的原理，說明人生的觀察，未能達到絕對的宇宙觀。或曰十二因緣不過是形而下的現象界的說明，非是形而上的本體界的觀察。然現象界的根源，是宇宙的本體，天地的真理，人生是宇宙的一部分，因果的差別，就是真理的表現，所以要窮本知末不可不觀察本體真理。十二因緣觀，是現象的因果觀、部分的人生觀，所以《心經》要否定它、要破壞它，就是要肯定建設本體的宇宙觀，實現本體的絕對平等觀。

《心經》的表現法，是消極的、否定的、破壞的，但在其言語裡頭卻是積極的、肯定的、努力的建設。因此，把聲聞的四諦觀、緣覺的十二因緣觀，都導入般若絕體的理智觀。但《般若經》屬於實相論的教系，非是緣起的教系。所以般若，乃獨自本體的，非生成緣起說，不過將十二因緣的現實緣起觀引上本體觀。

三、無智亦無得

救世的菩薩，以實行六度行為第一。六度是六波羅蜜的譯語，波羅蜜譯為到彼岸，又譯為度。彼岸的理想，即是涅槃境，亦即解脫成佛的道分為六項，專為菩薩自利利他，為自度度他的解脫之道。

六度為自利利他的道德，因位的菩薩，以利他救濟的六度功德，迴向自利解脫；大乘菩薩的中心道德，就是利他的觀念，利他是從無我生起的作用。今若實行六度救濟他人，動機必定無我、無執著。在行布施時，要施者、受者、施物三輪體空，不認為有什麼布施的功德可得。在持戒時，心不憍慢，乃至修行智慧不囚於知見，利益眾生，不著痕跡；以無為而行，任運而行，這才有道德的價值。加之，道德實行的結果，並不是專為自己的快樂，或是名譽，或是利益幸福等為目的，這是無條件的道德，無所得的道德。佛的大慈悲，原就是無條件的，父母的慈悲，也是無條件的；菩薩利他救濟的六度，也是無條件的，以無所得故，於是《心經》揭出：

無智亦無得

佛法以智慧為至上，所以六度的第六智慧為六度全體代表，以智慧波羅蜜為最高的目的。因為般若是體證空、無自性的智慧，前說五蘊、十二處、十八界、十二緣起、四諦所觀境，一一都照見皆空，然若以能觀的般若智為不空，執為實有，也就成為遍計執❶。《中論》說：「大聖說空法，為離諸見故，若復見有空，諸佛所不化。」原來用空破除有病，有病既除，空亦自止，故曰「無智」。簡略地說，把布施等前五支一一否定其實有性，便為無我無執著的六波羅蜜，特別是無我無執著的般若波羅蜜，故說「亦無得」。因為有能觀智，才有所得，能觀智既沒有，還有什麼所得？《辨中邊論頌》說：「依識有所得，境無所得生；依境無所得，識無所得生。」這即是無分別智實證真如位，心境冥合平等，能取所取一切皆泯，故曰「亦無得」，菩薩即以此無條件無所得為道德的中心。「般若」的皆空主義，徹底揮著空劍，否定了自我道德實行的動機與目的，以及否認了道德實行的意識，導入徹底無我的境界，以契合於般若的理智及宇宙的真理法則。

以自我為中心，以取捨憎愛等心對境思惟，名為世俗智、遍計執，或曰分別見。但真理是遠離自性執，超越了相對，是唯一絕對的實在，非是分別見所可知的，必須以絕對的無分別智方能證得，這是無我觀的結果所起的智，也就是般若的智。有了這種智，才能實證諸法的實相。

無分別智現前時，所緣唯一絕對的理法，就是圓滿成就的真實法，也就是唯識宗所說的圓成實性，不是遍計所執性，不走極端，調和相對差別的諸法，故說為中道。也就是三論宗的八不中道觀、天台宗的一心三諦觀❷、真言阿字觀❸等現前所成的真理。天地間森羅萬象事事物物是一切相即相入重重無盡的大法界，這是真理如實相，華嚴宗稱此為事事無礙法界，也就是一心法界觀現前所成境。這種真理，在佛教觀之，即涅槃的境地，是佛身的法相，故觀真理，應觀佛身。禪定觀行，所觀的畢竟真理，即歸入佛與真理的冥合境界，能觀的智與所證境都是畢竟空寂。既沒有能觀的智，也沒有所觀的境，能所雙亡，性境一如，故《般若心經》說為「無智亦無得」。簡潔地說，即是菩薩體驗到的真實理體，一切是「不生不滅，不垢不淨，不增不減」，也就是以無所得境為最高的體驗。

註釋

❶遍計執：唯識宗所立三性之一。指凡夫於妄情上，遍計依他起性之法，又稱遍計所執、分別性、分別相、妄計自性、妄分別性。

❷一心三諦觀：即於一念心中而能圓觀三諦。謂觀一念心畢竟無有，淨若虛空，稱為空觀；能觀之心、所觀之境皆歷歷分明，稱為假觀；雖歷歷分明，然性常自空，空不定於空，假不定於假，稱為中觀。即三而一，即一而三，是為一心三諦觀。

❸真言阿字觀：即觀想悉曇字之「阿」字，證悟諸法不生之理，而開顯自心本具佛性之菩提心觀法，是密教最重要、最具代表性之觀想法。

十一、般若心經的解脫道

一、修養法

觀空的目的，不僅是明白空，或明白不空，而是要藉此解脫有情的眾苦，獲得般若的果，乃至達到佛的境界。在修行過程中的行者，稱為菩薩。佛與菩薩不過是結果與原因的地位不同，同為一人的時間前後。菩薩即佛的前身，菩薩對佛稱為因位，佛對菩薩說為果位。凡是經典的最後，都有信受奉行，依教修行得佛果的說明。

在《般若心經》中：

以無所得故，菩提薩埵，依般若波羅蜜多故……究竟涅槃。三世諸佛依般若波羅蜜多故，得阿耨多羅三藐三菩提。

這正是說明修行因果的二位，此中，前半「以無所得故……究竟涅槃」，專說明因位的菩薩道，後半「三世諸佛……」以下說明果位的佛。前者言「究竟涅槃」，為三乘的共果，後者言「得阿耨多羅三藐三菩提」為如來不共果。依據這一段經文，說明菩薩修行成佛的因果過程，該當為佛教的修養論。

今依前揭《心經》的前半文，是專為提倡因位的菩薩道。但是提倡菩薩道必須要說明的，就是在所舉《心經》的文中，以菩薩行及行的效果等問題為主體，所以吾人對菩薩思想的起源及其發達、菩薩種類等，實有補充說明的必要。

所謂菩薩，具稱為菩提薩埵（Bodhisattva），略稱為菩薩，譯為覺有情、道心眾生等，是發菩提心，求成佛道，以佛道覺人的意思，可說為佛的前身及佛道的行者。若把這個說為菩薩思想，那是最確當的。

大聖佛陀，是世界最偉大的覺者。世尊示現的時代隨佛出家的弟子，或世尊示寂後仰慕世尊的諸佛子，由於時代不同，環境不同，感受不同，故有不同的佛陀觀。特別是佛陀滅後，由於追仰佛陀的虔誠，思慕之心與日俱增；俟大乘佛法興起之後，益發覺得佛陀的偉大無比，隨時間的增加，佛子心中的人間佛陀漸漸成為理想的佛陀，於是由現實的佛陀觀進於理想的佛陀觀。今菩薩的思想也是依這個理想佛陀觀而生起。

世尊成道後，稱為佛陀，即是完成超人的人格，為萬人的師表，萬人敬仰的對象。若以人格說，是最上的；要以偉大說，其在因地所修種種行門也是最偉大的，任何人所不易行的。要依歷史說，世尊原為印度一個王國的太子，由於感受到自己與眾生的生死煩惱，乃發心出家，曾修六年苦行，最後依四禪正觀緣起的寂滅性，成無上正等正覺。若以佛陀完成最高人格來說，絕不是現世的六年或十二年的修行所成的，這是從無量劫以來生生世世本其菩提心，行種種難行苦行所得的結果。今說世尊六年修行，實應視為過去世的延長。吾人應觀想過去世為世尊前身本生，今身為過去世的延長，未來世為現在世的延長，故一佛身現成為三世觀。這在佛陀本生事蹟的經典中，例如《六度集經》、《本生心地觀經》等，都有佛陀本生事蹟的記載。其中又分小乘本生部與大乘本生部，也就是由小乘本生思想到大乘本生思想的發達經過，都有詳細的說明。

小乘《本生經》為原始菩薩的思想。就中釋迦佛的前身本生，即由釋迦菩薩從過去宿世累劫至現世，經過長遠生死、死生，或為國王、或為太子生，或為猿、或為龜、或為鹿、或為鸚鵡、或為象、或為魚等種種有情身，皆努力行六波羅蜜，即實行六度利他的道德，以救濟一切眾生。其難行苦行的善根功德的結果，遂於今世得成無上佛果。故成佛以前的世尊，即修六波羅蜜中的世尊，是過去世的延長，因位修行中的世尊稱為菩薩。所謂菩薩行，即是利他六度道德的實踐。佛的前生，受變化身，救濟一切眾生，綜合這種種大行的觀察思惟抉擇，就是菩薩的思想。就中菩薩道即是六度道德的實踐，這是大、小乘所共認的，如天台宗等大乘各宗，把四諦、十二因緣、六度法門，依次配合為聲聞、緣覺、菩薩的三乘。六度專定為菩薩行，這無疑是遠承本生思想而來。《般若心經》：「菩提薩埵依般若波羅蜜多（六度的代表）故」，這是本生思想的繼承者，也就是示以菩薩與六度密切的關係。《般若經》是主般若智慧至上主義，故六度中只言般若波羅蜜，因為般若為大乘道體，前五度須為般若所攝持，始成其為波羅蜜；亦即六波羅蜜中，以智慧波羅蜜為最高，般若智慧可為六度結晶而為六度代表者，所以特別指六度之一的智慧波羅蜜為菩薩行，這也是《般若經》的特徵。

菩薩以實踐六度的大行，為成佛的主體。本來成佛要有種種的功德，智慧至上主義的《心經》，專以奉行代表六度道德的般若（智慧）波羅蜜所得的效果，即「菩提薩埵，依般若波羅蜜多故，心無罣礙。心無罣礙故，無有恐怖，遠離一切顛倒夢想，究竟涅槃」的四種功德。今要說明這四種功德以代表六度功德的道理。

所謂「心無罣礙」者，罣礙，就是物與物或事與事之間，或相障礙，或相衝突之謂。在心理上有兩種相反的思想並起時，即有矛盾撞著或拉扯抗拒的苦惱，這就是有罣礙的心。要是吾人心中常常為煩悶、懊惱所盤踞，這顆心也就沒有一點自由，更不能安心。要是心有罣礙，即失去自由安靜的狀態。世間的人都有自我愛，因有自我愛，所遇外境，凡是順應自我的，即生愛著，違背自我的，即起憎恨。愛憎的二見，在吾人心中纏綿競起，造業受報，永無了期。然菩薩依般若平等的理智，體驗到無我，體驗到無所得，自然內心平和明淨，沒有任何矛盾、衝突、撞著，以及障礙所起的迷妄，心常自由自在，因此說為「心無罣礙」。

人若心有矛盾、衝突、障礙、罣礙、迷妄、煩悶，其行為便會乖常失度，不能純正，不能完善。心與行為乖常失度的結果，便會引來疑忌、怨懟、諍鬥、報復，內心就會感到恐怖而惶惶不安了。菩薩實證諸法空相，一切法不生不滅、不垢不淨、不增不減，平等不二，故沒有罣礙及恐怖的心境。人若依順般若智，斷除心中煩惱、我執我慢，而實踐大道、佛道、人道，這樣俯仰於天地間也就沒有任何慚愧了，對於社會也就沒有絲毫恐怖的地方。並且依照般若理智堅強的信念，住此信念者，在《大品》中說：火不能燒，水不能溺，權力不能屈其心，威武也不能動其志，不失為真實金剛不壞的大丈夫。或遇順境而不能淫，或遇逆境而不能攝，心安理得，出入無畏，故般若實是切斷一切恐怖的利劍。

人為什麼會有恐怖呢？這就是人的心理上有種種邪見妄想，幻覺錯覺，所以才有危險恐怖的思想，這叫作「顛倒夢想」。所謂顛倒者，就是錯誤的幻想、夢想，就是不實在的的、我能主宰的（自由）、清淨的，這即是顛倒的思想。因有這種迷妄於事實的思想，所以對於緣生無性的世間總是追求不已，戀戀不捨，以現實為滿足，這就是凡夫的四顛倒。然聲聞人又不能理會法本不生的道理，而執無常、苦、無我、不淨為實，不能見到理想的價值，即大乘涅槃與如來法身所具足之常、樂、我、淨四德，而成為極端的厭世觀，這就是名為小乘聲聞的四顛倒。然大乘菩薩常依平等的理智，所以能了知現實與理想的價值，導現實於理想，化理想為現實，即是住於現實即理想的平等觀。不厭現實生死的世界，也不執著理想的涅槃，這就是不厭生死、不欣涅槃。對於平等法界，常或無常，乃至淨、不淨，都沒有偏頗的思想與固執的見解，即是體悟了非常非無常、亦常亦無常，乃至非淨非不淨、亦淨亦不淨中道的實相，這樣即離開了凡夫及聲聞乘四種顛倒。所以般若中道智現前的時候，既沒有幻覺，也沒有錯覺，這即是「遠離顛倒夢想」。

前面說的三種功德，即是涅槃的內容，而涅槃即佛的真境界。菩薩行六度，依般若波羅蜜的最高的理智終能完成佛果。菩薩雖非同我們一般凡夫，但人人都能做菩薩，因為人本來都有佛性，也就是都具有般若的理智，所以發揮這個理智的光，即達到究竟理想的涅槃。其道無他，唯有實踐佛教的道德，換句話說，也就是唯有修行布施、持戒、忍辱、精進、禪定、智慧波羅蜜的無所得行，這般若理智自然會顯現。

二、理想境

菩薩依般若修行所得的結果，即說為佛。佛即修行六度萬行圓滿理想的人格者。

《心經》說：

菩提薩埵，依般若波羅蜜多故……究竟涅槃。三世諸佛，依般若波羅蜜多故，得阿耨多羅三藐三菩提。

這一段經文，前面說明菩薩的得果為涅槃，後面說明佛果為阿耨多羅三藐三菩提。今對菩薩、三世諸佛當分別說明。

第一、涅槃妙境 佛教理想的境界，即是涅槃，而涅槃為佛陀所具足的金玉德性。

《心經》說：

菩提薩埵（菩薩），依般若波羅蜜多故……究竟涅槃。

這即是說：因位的菩薩，以究竟涅槃為成就的理想。涅槃，原是印度固有的思想，無論是婆羅門的宗教，或奧義書的哲學，或是佛教，都是以涅槃為宗教或哲學的理想境。然其內容也因時代變遷的關係，而不一致。即如對外道揮以破邪慧劍的龍樹弟子提婆，他著《外道小乘涅槃論》，並未說大乘涅槃。但舉外道小乘的涅槃有二十種，故一提到涅槃，就有各方觀察不同，故其內容並不一致。然通常分為外道涅槃、小乘涅槃及大乘涅槃等三種。

原來，涅槃是聖者所體驗悟入的、形而上的、絕對不可思議的、理想的妙境，故不可以凡夫的經驗，形而下的相待言語來表示。只能勉強用消極的言詞以否定現實的經驗表示。諸多譯家對「涅槃」一語，有主翻與主不翻的分別。主不翻的，是因為「涅槃」非現實經驗中所有，無所翻譯。主翻的譯家也不過僅譯為不生、不出、無作、無起、無相、不然、不識等消極的否定語，這是畢竟涅槃的意義，因為它本來就是止息一切與我執相應的有為造作的，未來的生死苦迫不再起，於現生的塵勞中得自在，是不共世間的證覺。新音譯為「涅槃」，舊音譯為「泥曰」，或「泥洹」等。涅槃，梵語的原音為 Nirvāṇa，而 nir 譯為無、外、消等意，vāṇa 譯為吹動、動作、生活等意，故譯為無動、無作、不生等。以其滅息苦之根本，不再輪迴生死，獲得真正的解脫與自由，故又譯為滅。這是超越了現實經驗所顯現理想的妙境，即以多種譯名也不足以表現這個不可思不可議的妙境。因此，涅槃有多種的別名，南本《大涅槃經》卷三十一，涅槃名有：無生、無出、無作、無為、歸依、解脫、光明、燈明、彼岸、無異、無退、安處、寂靜、無相、無二、一行、清涼、無闇、無礙、無諍、無濁、廣大、甘露、吉祥等多名。這種種名稱都表示涅槃內容的德性，但涅槃最完整的具體德性，就是常、樂、我、淨的四德。常者常住，表示真實常住不變義；樂者安樂，我者自在義，淨者清淨義。總而言之，涅槃即是真善美樂合一的妙悟覺性，也就是畢竟佛陀的德性。

闡發涅槃的思想最進步的，就是《大涅槃經》，經中論及外道婆羅門教的涅槃觀，他們是以厭世思想為基礎所起的涅槃觀，這是不完善的、罪惡的；是厭離苦的世界，希望把罪惡多苦的肉體滅亡，自我靈魂獲得解放，而生於天上，達到神我合一的境界，這是外道涅槃觀。然佛教教主釋迦牟尼佛以革新的精神，不特否定外道涅槃觀，即對小乘人「灰身泯智」住於空寂涅槃的思想，亦予貶斥。真正涅槃的妙境，絕不是離開現實的世界，另有個不生不滅的去處，乃是即現實世界而成為理想的世界；所以涅槃的境界絕不是自了超越境，也不是否定現身，而即身得實現涅槃妙境。以身心不二，立足於現實即是理想的思想。若將自心所具的種種煩惱斷除淨盡，當下即證清淨法身，解脫自在，生死即是涅槃。

世尊親於菩提樹下成道，即是現身體驗到涅槃真境，所以涅槃並不是死後所得到的空寂的世界。

法相宗所說自性清淨涅槃、有餘涅槃、無餘涅槃、無住涅槃四種涅槃，其中有餘、無餘二涅槃，為小乘人所學的涅槃；餘二涅槃為大乘思想的涅槃。自性清淨涅槃，即真如涅槃，大乘佛法以為一切有情皆具真如自性，本來清淨，雖為客塵煩惱所覆障，然無損於清淨之體性，此正是涅槃義。至於無住涅槃，這是菩薩所起的行願，向上自利解脫，向下利他救濟所證的真理。菩薩大智願行，因為離煩惱故，不住著生死苦界，趨向佛境界；又因有大悲願行故，不住著佛境界，不怖於生死苦界，救濟眾生。換句話說，就是行深般若波羅蜜多，不住生死，不住涅槃，廣度眾生，成就大悲願行，故說為無住涅槃；也就是《金剛經》說：「應無所住而生其心。」前說四涅槃中，凡夫僅僅有第一種、二乘成就前三種，菩薩成就第一與第四種，佛則具足四種涅槃。因修道者根機有淺深，故成就的涅槃也有不同。但以理智成就究竟涅槃為最高，即如《心經》說：菩薩依般若波羅蜜多故，成就究竟涅槃的理想，實是修道者開發般若理智所得之如來境界。這是菩薩的理想，也是吾人的理想。

第二、諸佛的思想　所謂佛者，梵語具稱佛陀（Buddha），略稱佛，譯為覺者，即開發正智，覺悟正法真理；自覺覺他，覺行圓滿的聖者。《心經》所說，是指依般若波羅蜜多而得無上正等覺的人。這是印度出現世尊的自稱及敬稱，最初為世尊的特稱。但佛陀觀次第發達後，即由特稱轉為通稱，始有彌陀、大日、藥師等佛，乃至稱十方三世諸佛。

諸佛的思想，乃從釋迦一佛而起，其中依時間分，有過去、現在、未來三世佛；依空間分，則有十方諸佛。前者為如來道，即是真理三世恆存，世界依三世相續，覺悟真理的佛，也是出現於三世。釋迦佛即為現在佛，過去有七佛，未來亦有彌勒等佛。後者十方佛的思想，由於一個三千世界是一尊佛的化區，而三千世界有無量無邊的觀念，所以才有十方世界多佛出現的思想。三世佛的思想，早在原始佛教《長阿含經》中即說到過去七佛出現的時期、人壽數量、族姓、成道、說法會數及在會弟子數目，所說八相成道殆與釋迦佛差不多，這是小乘教的佛陀觀。十方佛的思想，為大乘發達後的思想。所謂十方三世佛，實綜合前後大、小乘的思想；十方佛的思想，允許各世界同時間多佛並存，有說三世各有千佛出世，故有《三千佛名經》的成立。故三世諸佛的思想，在時間為前後相續的，雖有多佛存在，但不許多佛或二佛同時並存。這是原始佛教的思想，認為三世佛，皆在同一個世界，猶如所謂「天無二日，土無二王」，一佛土不許二佛同時並存。等到大乘三世十方佛思想發達後，一面佛性普遍化，故有十方諸佛同時並存的理論。《大智度論》卷四謂：

佛說一三千大千世界中，無一時二佛出，非謂十方世界無現在佛也。世界無限，眾生無量，苦亦無量，是故應有大心菩薩出，亦應有無量佛出世度諸眾生。所以才有一切眾生皆可成佛的思想，即是人人皆當作佛。

釋迦佛初在阿含會上不許聲聞、緣覺有成佛的可能，說他們無佛性。後來大乘佛教世界觀發達起來，佛性觀興起，說人人本具佛性，故有一切眾生皆得成佛的思想，故力說三世佛中未來佛的出現。文殊、普賢、觀音、勢至、彌勒等諸大菩薩，不消說都是未來成佛。小乘人本來不可能成佛的，但在《法華經》上，不但聲聞弟子，大迦葉、須菩提、迦旃延、目連、憍陳如、羅睺羅五百弟子及千二百五十人都受成佛的授記；即反對佛陀，犯了三逆罪的提婆達多，以及七歲的龍女都授記作佛，則還有什麼人不能成佛呢？

這是大、小乘佛教思想的不同點。

前面所說四諦，苦、集二諦為世間凡夫的境界，滅、道二諦為出世間聖者的境界。其中滅諦，以涅槃為本質，道諦以菩提為本質，菩薩修行菩提道達到滅諦涅槃的境界，這是佛教一般的解釋。示圖於次：

滅諦——涅槃——佛陀——果位
道諦——菩提——菩薩——因位

所謂佛陀，是在因位為菩薩時行菩提道，其結果為佛，達到涅槃的境界，稱為聖者。所謂菩薩，是指今行菩提道，依這個原因後登佛果的行者。然依《心經》文，先有「菩提薩埵……究竟涅槃」，次有「三世諸佛……得阿耨多羅三藐三菩提」，菩薩與涅槃相配，佛與菩提相配。這就是說菩薩的果為涅槃，佛的果為菩提。同時說果位的佛，是出於因位的菩提道，這即是善說因果二位相關的道理，此所以為《心經》文學簡要的特徵。菩薩修學般若，應當得佛果菩提，為什麼說究竟涅槃呢？因涅槃是三乘人的共果，菩提唯佛能證。菩薩了知諸法空性，願救度一切眾生，不入涅槃，是以進趣佛果阿耨多羅三藐三菩提為目的。

所謂菩提，梵語為Anuttara-samyak-sambodhi，音譯阿耨多羅三藐三菩提，譯為「無上正等覺」，或「無上正等道」。換句話說，就是最上、最尊的平等正覺及真理，這即是佛陀究竟圓滿無上正道。普通把梵語具名略掉，說為菩提，或梵漢兼用，稱為菩提道。

這個菩提道一般人都以三十七菩提分法或八正道，或三學六度等道品的功德為其內容。但《般若經》，對這些諸種功德中，特以智慧為最上菩提道，為一貫般若主義，所以《心經》也不能例外，故說：「菩提薩埵，依般若波羅蜜多故……三世諸佛，依般若波羅蜜多故……」即以般若為解脫成佛的必需功德。般若與佛菩提的分別，也含有究竟不究竟及因果的關係。諸佛因位修行時，不僅修般若，並修施、戒、忍、進、禪等自利利他一切功德，故證果時也才有無邊的功德。

十二、結論

一、般若禮讚

前面數章所說的，在《心經》三分組織中，即序論（序分）與本論（正宗分），都已說了。最後《心經》的流通分，即是結論，也就是本文的結論，今當說明。

《心經》最後說：

故知般若波羅蜜多，是大神咒，是大明咒，是無上咒，是無等等咒，能除一切苦，真實不虛。

這是《心經》的流通分，特別是這部分為《心經》禮讚文，因為經有無量功德，故有如是讚仰賞歎。復說：

故說般若波羅蜜多咒，即說咒曰：揭諦，揭諦，波羅揭諦，波羅僧揭諦，菩提薩婆訶。

這段是般若的護持文，修學佛法者以《心經》的經文為其本質，護持信仰般若波羅蜜，這是表示以行般若的正信相續方法的部分。

《心經》主要的部分，即「舍利子，色不異空，空不異色，……無智亦無得」。這段經文，在《大般若》四百二十一卷（〈第二分觀照品第三之二〉），其異譯為《大品般若》〈習應品第三〉，即採其一部分而成立本經，此在開始即說過。《心經》最後所說的「是大神咒……能除一切苦」，其出於《大品般若》〈勸持品第三十四〉，但〈勸持品〉即為《大般若》〈功德品〉第四百二十九卷（〈第二分功德品第三十二〉）。檢證這兩段文字，益信《心經》「是大神咒」等句出於此。加之《心經》的「三世諸佛，依般若波羅蜜多故，得阿耨多羅三藐三菩提」的一段，又可知與此文同一出處。此〈勸持品〉或〈功德品〉的文句，雖不能十分斷定為《心經》前記文句原型的根據，但原來《心經》前記部分，如前辯為流通分，而〈勸持品〉亦以護持般若，勸說流通為宗旨。由此看來，《心經》的主要部分，是採取《大品般若》的〈習應品〉。其後部流通分，是依《大品般若》〈勸持品〉，取其文句以完成《心經》大體的結構和格局。故捨《大品》而外，也許不可能單獨成立《心經》組織的歷史。關於《心經》的內容組織，在開始逐步說過，今當《心經》流通分結論之際，再追一言，以示前後相照義。

凡是經典最後，都有流通分做為結束辭。這個結束語，都依經典記載的文字，一般通例，就如：「時善財童子，頂禮其足，繞無數匝，慇懃瞻仰，辭退而去」（《華嚴經》）、「諸比丘聞佛所說，歡喜奉行」（《雜阿含》）、「人非人等一切大眾聞佛所說，皆大歡喜，信受奉行」（《大般若》）、「佛說是經時……一切大會皆大歡喜，受持佛語，作禮而去」（《法華經》）……類此形式，或讚其經文功德廣大，或記聽聞者的歡喜法悅，或書寫經文，受持讀誦，流通宣布，獲大功德，或記受持的方法及目的等。

今《心經》流通結束語說：

> 故知般若波羅蜜多是大神咒……能除一切苦，真實不虛。

這是專為讚歎為《心經》本質的般若廣大無邊的功德。

這裡所說的咒，屬於真言陀羅尼類。所謂真言與陀羅尼，從形式上說，有長短的不同，然皆屬諸佛身、口、意三密之一的密語，即所信的神祕偈文。純為真言密教傳承所用的，涵義深長，神聖祕密不可思議，故未予意譯，直接就梵語原音翻譯過來。通例以長句者，稱為陀羅尼偈文；短句者說為真言。陀羅尼（Dhāraṇī）梵語譯為總持、能持、能遮等。言總持或能持者，以偈文中具足無量義理，故能總該保持廣大功德善法而不失之謂；言能遮者，即陀羅尼的偈文具有神變不可思議的力量，能遮斷一切災難，滅除一切障礙，有這種種功德，若持誦它，即獲得廣大的利益。真言的原語曼怛羅（Mantra），譯為神咒、祕密語、密咒等，被認為是諸佛世尊的本誓，即表現神佛內心的言語，稱為真語、如語、如實語、不妄不異的言音，稱為梵語。含有種種不可思議的功德，能現神變，降諸龍，傳鬼的法力，能除水、火疫病等苦厄，具有如此功德利益。

真言陀羅尼，原來為印度婆羅門教及民間所信仰的，後來佛教密教化後，採其形式，故稱為佛說真言陀羅尼。原始佛教的經典，很少有咒語，俟大乘經典流行後始漸漸增加，到了密教盛行的時代，更是無處不有。可知世尊的時代未用真言陀羅尼，真言陀羅尼無疑為後來佛教徒的產物。特別是《般若經》發達後，遂有「祕密般若部」成立。《大品》等的《般若經》已有密教的成分，故〈勸持品〉說「般若波羅蜜多是大神咒，是大明咒」等；今《心經》乃採用此文，以般若波羅蜜的理智為真言神咒，即是賞觀讚歎。然不限於

《般若經》，凡一切經文的本質，都是般若的理智，此理智縱貫三世，橫遍十方，唯一絕對的實在，這即是真如，即是實相，即是如來，即是佛。諸佛從此理智而生，故「般若為諸佛之母」；畢竟般若的理智，為宇宙的大生命，是一切萬象的根源。這個宇宙大生命的般若理智，萬象活動的根源，有神變不可思議的力量，故說為神咒。凡情不能測知，故說為祕密語；是真實不妄的大法則，故稱為真語、如語、如實語、不妄不異語。

大覺世尊即是般若理智的體現者，體現般若的理智，並且親口說出來，後來弟子結集他所說的法，用貝葉黃帋記載，成為經典；經典即是般若理智的載體。般若理智，即有種種曼怛羅神咒之力。其表現的《般若經》亦就是曼怛羅神咒。今《心經》的流通分，即基於這種意味，指出般若的理智，即是大神咒，是大明咒等，以顯般若具有廣大的力量及無比的光明，為一切法門中最尊、最勝、最上者！

大神咒的大，是廣大普遍義，超越相對大小的比較，為絕對的大。這個貫通三世，遍滿十方，唯一絕對的實在，宇宙萬物生滅於其中，萬物各各內具此實在。故般若的理智，不但是廣大普遍、無所不包，故其內容不是空虛的，是有其不可思議的力量，這即是神力，這與宇宙人生有重重無盡的關係，日月星辰的運行、春夏秋冬四時的變化，人間生命的活動，都是這個般若理智不可思議神力的作用。因為般若有此廣大不可思議的作用，故讚歎說：「般若波羅蜜多，是大神咒。」大明咒的明字，即是智慧照明的作用。般若的智慧，貫通天地古今，實即是宇宙的大法則，世界的大道，人生的規範。天地依此大法則，萬象森然，而圓融無礙；吾人依此大道，即能照破無明煩惱的迷闇，了達真理，活步人道，故賞讚說：「般若波羅蜜多，是大明咒。」般若的理智，既有如此廣大的內容，又有不可思議的神力作用，當然在一切咒力中應居為最尊最勝，更無有能超過此者，故歎為「是無上咒」。世間任何神咒不能和它比較，不可等同齊觀，絕對無可比類，所以更讚歎說：「是無等等咒。」《心經》前文標明「度一切苦厄」，揭示了此經偉大理想的目標，今又照合前文的宗旨，結以「能除一切苦，真實不虛」，前後呼應，貫通《心經》的首尾。般若的理智畢竟能除一切苦厄，此等大功德，真實不虛，決定無疑，令人對般若生起至上的信心；自度度人，斷除自他一切苦厄，這是般若最大的功用。同時，亦是人生最大的理想。人間的苦，都從迷闇而起，若點亮此般若理智的大燈明，當下即可照破迷闇，從一切苦厄中獲得解脫。吾人乘此般若大船，即能渡過生命的苦海。吾人揮此般若的利劍，斬除一切邪知惡見，廣度眾生，即能淨化人心，建設淨土。行者若有這樣的發心，即是般若的正信，也是佛教的正信。

二、般若護持

生起如此的大正信，誠非易事，而正信相續，尤為困難。古人說「三業表佛印，端坐三昧」，這是正信相續的規範。三業表佛印，意謂身、口、意三業，此心常懷佛心佛智；口則恆說佛語、如實語、愛語；身則常現佛身作佛行，徹頭徹尾，自始至終，悉依佛住。行住坐臥，吉凶禍福，都以佛心貫之。這即是佛心相續，正信不動坐禪的狀態。佛教諸宗雖都以坐禪為正信相續行，但天台的實相觀、真言的阿字觀，只是心的坐禪；淨土教的念佛、法華宗的唱題❶，是口頭坐禪；禪宗的威儀是身坐禪。更進一步，若從心到口，從口到身，至誠一貫，即畢竟身、口、意全體的坐禪三業，即表佛印。真言密教，於意觀佛智，口唱真言，手結佛印，行坐都以佛身為標準，即身成佛的儀範，殆不外三業表佛印意；威儀，即佛法佛心相續的儀式。

今《心經》的「揭諦，揭諦，波羅揭諦……」的真言神咒，這個不絕口業的唱念，日常間以般若至上的信念相續，使般若為永遠的護持。照例真言是不翻的，保存梵語原音，今方便翻譯如左：

揭　諦　到

揭　諦　　到

波羅揭諦　更　到

波羅僧揭諦　更更到

菩提薩婆訶　覺　道

就中「薩婆訶」，是真言的結束語，含有圓滿、成就、真實等之意，也就是究竟圓滿的意思。今若改其文體，即是「覺道，到，到，更到，更更到」。覺道者，即指菩提涅槃的無上佛地。這是般若的圓滿，佛道的彼岸，人生的理想境。依照般若的理智，持續般若的正信，必能實現這個偉大理想境，「到，到，更到，更更到」！接二連三的到，表示希求理想菩提精進的熱忱；不忘般若的真言，即是般若正信的念念相續。若正信相續，隨時隨地都有般若正智的活動；菩提覺道的實現，即是般若的正因與菩提的正果相應。

吾人有如此的正信，即能覺照天地宇宙，即是般若的大智慧，如來的大生命；其中森羅萬象、有情無情都是般若海中的波瀾，如來生命活動的流露。吾人當以這個道理為自覺證信，履踐菩薩的大智慧，常以「揭諦揭諦波羅揭諦」的意氣，覺道莊嚴，努力奉持於佛國淨土的建設。

註釋

❶唱題：即唱誦經名、經典的題目，經題總攝經典全部內容，如果一心唱念經題，則經中所註諸法實相功德，自然圓融，即身成就妙果。

【附錄】

般若弘傳史要

（原題為〈般若部系觀〉，載《人生》月刊）

一、概說

研究佛說的一切經典，當包括兩個方面：一是歷史的研究，一是教理的研究。考據某種經典思想發達的演變及其傳播成立的經過，是屬於歷史的研究；分析某種經典的思想體系及其所詮的教義與所被的機宜，是屬於教理的研究。故不論研究哪種經典，都應從這兩方面著手，比較能深入確實。研究般若，當然也不例外。

般若是諸佛之母，是一切經典的根本，所以不了解般若，就不能了解其他的一切大乘經典，洵非過言。以《法華》、《華嚴》為五部大經中的兩部，這兩部經典都直接從般若思想演變而來。般若部系的經典，總共七百四十七卷，占漢譯全藏（五千零四十八卷）七分之一。《大般若經》漢譯六百卷，為漢譯諸經的最大部。《般若經》的意趣，無論《大品》或《小品》，同說一切皆空。一切皆空是依據諸法皆假因緣所生，無自性、無實體、無所得，以無所得故畢竟空。所謂空，不是虛無的意義，是離去意識上的分別，或常或斷、或苦或樂、或我或無我、或色法或無色法、或可見法或不可見法、或有對無對、或有為無為、或有福無福、或世間出世間等二邊而顯的中道諸法實相；此諸法實相，不可破不可壞，若有佛，若無佛，諸法實相常住法位。非佛、非菩薩、非辟支佛、非聲聞、非天人所作。有佛不增，無佛不減，常常時、恆恆時，法爾如斯，是為《般若經》所詮真空勝義。

《般若經》，若從理論觀之，並沒有何等特別的術語，也沒有何等獨特的組織。所用的法數、名目及其所用術語、組織，都預見於《阿含》經典中，此等經典，殆為《般若》的根據；諸法實相，殆為一進步的術語。以般若思想立於諸法實相上，所以《般若》又成為一切大乘經典的依據。

《般若經》與其他大乘經典相同，都在佛滅後四、五百年間，始漸告成立。現存六百卷《大般若經》，從其內容組織結構上及思想觀之，殆非原始所存的《般若》，此為般若部系的叢書，以集合多種般若部系所成。故原始所存的《般若》，只有《八千頌小品般若》及《二萬五千頌大品般若》及《金剛般若》。是故般若部系，要以《小品般若》為最古，此與以《華嚴》為核心的《十地經》同為一切經典成立的先驅，殆為後來各大乘經典成立的依據。是故般若經過根本（佛在世及滅後百年）及原始（第一百年至五百年）兩期的發展，始繼續增廣成立，此為般若歷史演變的經過。

原始般若

般若是本於佛陀自內證所顯的真實義。般若所詮的意義，不是以分別意識為中心，是以三昧正慧所顯現，離去有無二邊的真實義為主體，彰顯諸法實相的真義；這與其他大乘經如《首楞嚴經》以般若三昧等為重心，明修行的方法，同一意趣。般若的出發點，即是戒、定、慧三學；禪定，是修道的根本法，依定才能成就大覺的智慧；戒為般若的前提，以觀照實相的正慧，顯正受三昧的功用，發揚般若的智慧。般若通常立於布施、持戒、忍辱、精進、禪定、智慧六度的第六位與五度並列，但在某種意義上實即代表了六度。從靜的觀之，則為般若波羅蜜；從動的觀之，則為六度。般若波羅蜜，為智慧到彼岸的意思，原始阿毘達磨論藏，專從事諸法分別發明智慧；但因為出發點的不同，般若是根據佛陀在菩提樹下禪定內觀所顯現正覺三昧的功用（智慧），後者是基於佛陀四十九年間所說的一切經教，為發明智慧的根本法，故其終結不同。

原始阿毘達磨論藏所詮的慧學，以分別說部或波參毘陀為重。於〈般若品〉廣談摩訶般若；於《毘崩伽》，開諸智品，列舉般若；於《舍利弗阿毘曇》〈非問分〉，辯別諸智；於《品類》、《識身》諸論，廣說十智或七十智。世親《俱舍論》，又開智品，《成實》又立見智、三慧、四無礙智、五智、六通智、忍智、九智、十智、四十四智、七十七智的諸法。阿毘達磨論藏開始，即以蘊、處、根、諦、緣為人法的分別。不論三界、愛想、結縛、聖果，一切都是開顯聖慧般若為根本，是為論藏所詮的種種般若，亦即是原始般若。因為阿毘達磨以分別逐取法相，距離正受三昧所顯實相般若甚遠，所發明的智慧，是分別慧、思辯慧，非無分別慧、靜慮慧，是為論藏與經藏的分離、思辯與靜慮隔絕的結果。

根本般若

原始阿毘達磨論藏，依般若的名目闡明原始的般若，只有枯竭佛教的智慧，不能發明佛陀根本的般若。根本般若，要修正受三昧，求佛果內證的般若，於是構成共般若與不共般若的分別。共般若通於三乘；不共般若，唯指大乘十地以上最後法雲地的法身大菩薩。大乘般若對法相法目：蘊、處、界三科，無明等十二緣起，加上六界，四緣，六波羅蜜，十八空，十真如，不思議界，四念處等三十七道品，四聖諦，四靜慮，四無量，四無色定，八解脫，八勝處，九次第定，十一切處，三三昧，一切三昧門，一切陀羅尼門，十地，四果，五眼，六通，十力，四無所畏，四無礙，十八不共法，四攝，三十二相，八十隨好，無忘失法，恆常捨行，一切智，道行智，一切種智，辟支佛道，一切菩薩摩訶衍無上正等菩提等。大乘般若法相法目，雖多脫胎於原始阿毘達磨論藏，但其所詮示意趣，不同於原始阿毘達磨，專以分別為務，殆依須菩提無諍三昧所顯一切法相無相無作不可得，廣說甚深般若，開顯根本般若真實義。

二、般若傳譯之概觀

梵本般若

一切大乘經典的成立，都必須經過敷演註釋的階段，《般若經》當然不能例外。各種《般若經》成立的經過，同樣經過敷演註釋的階段。玄奘所譯六百卷《大般若經》，是輯錄諸種《般若》經典的大成，非是原始根本的《般若》，梵本《般若》流通共有五本：

㈠《十萬頌般若》（Śatasāhasrikā-prajñāpāramitā，一九〇二年 Pratapacandra Gbosa 於加爾各答 Calcutta 所續刊 Rajendralal Mitra 以本經依十一萬三千六百七十首盧四分七十二品所成云）。玄奘所譯《大般若經》初分相對照，略有長短出入，並不全同。

㈡《八千頌般若》（Astasāhasrikā-prajñāpāramitā，一八八八年以尼泊爾所傳梵本為底本，Mitra 於甲谷出版。共三十二品，相當漢譯《小品般若》，在尼泊爾重攝於九法中，並有訶梨跋陀羅釋）。

㈢《金剛般若》（Vajracchedikā-prajñāpāramitā，能斷金剛般若梵本，玄奘、義淨都有單譯出）。

㈣《二萬五千頌般若》（Pañcavijśatisāhasrikā-prajñāpāramitā，現有二萬四千首盧，共八品，所說大綱，異於《十萬頌》）。相當於《大般若經》第二會及《大品般若》。

㈤《般若心經》（Prajñāpāramitā-hṛdaya-sūtra，有大、小兩種梵本 Anecdota Oxioniensia 第一卷第三編出版）。

此外，若依尼泊爾所傳，則《大般若》拔抄：說有十萬頌、二萬五千、一萬、八千的四種。更說拔抄有數種，西藏所傳，位於甘珠 kandjour 第二，Wassijew 說蕃藏般若，共有十萬、二萬五千、一萬八千、一萬、八千，及七百頌諸種波羅蜜，並有《金剛般若》及《心經》。《勝天王般若》編入於雜論部中。

漢譯般若

漢譯般若總共七百四十七卷，以漢靈帝竺佛朔、支婁迦讖所譯《道行般若》為始，以玄奘所譯《大般若經》為最鉅，梵本總二十萬頌，佛於四處十六會說。奘師初譯此經時，將順眾意，除繁去重，於夜即感惡夢相警誡，遂不敢刪除，還依廣譯。經四年譯成，共六百卷，四處十六會，二百六十五品，六十四億四十萬字二十萬偈，一千九百五十七法門，三百九十九義。四處十六會，每會有序、正、流通三段。其四處者：一者鷲峰山中（此中有六會），二者逝多林（此中有八會），三者他化自在天摩尼寶殿（此中有一會），四者竹林園中白鷺池邊（此中有一會），此為十六會二百六十五品大意。更將其內容綱要列後——表中以二十萬頌配十六分，二百六十五品——

⑴第一分，十三萬二千六百頌，一—四〇〇卷（新譯單本）七十九品。

⑵第二分，二萬五千頌，四〇一—四七八卷（新譯重本與舊大品《放光》、《光讚般若》同，本異譯比於舊經闕〈常啼〉等品，餘意大同），八十五品。

⑶第三分，一萬八千頌，四七九—五三七卷（新譯單本），三十一品。

⑷第四分，八千頌，五三八—五五五卷（新譯重本與舊《道行》小品、《明度》長品等同，本異譯比於舊經亦闕〈常啼〉等品，餘意不殊），二十九品。

⑸第五分，四千頌，五五六—五六五卷（新譯單本），二十四品。

⑹最勝天王分，二千五百頌，五六六—五七三卷（新譯重本與舊《勝天王般若》同，本異釋十七品）。

⑺曼殊室利分，八百頌，五七四—五七五卷（新譯重本與舊《文殊般若》同，本異釋

未分品）。

(8)那伽室利分，四百頌，五七六卷（新譯重本與舊《濡首菩薩分衛》等經同，本異譯未分品）。

(9)能斷金剛分，三百頌，五七七卷（新譯重本與舊《金剛般若》同，本異譯未分品）。

(10)般若理趣分，三百頌，五七八卷（新譯重本與舊《實相般若》同，本異譯未分品）。

(11)布施波羅蜜多分，二千頌，五七九－五八三卷（新譯單本）未分品。

(12)淨戒波羅蜜多分，二千頌，五八四－五八八卷（新譯單本）未分品。

(13)安忍波羅蜜多分，四百頌，五八九卷（新譯單本）未分品。

(14)精進波羅蜜多分，四百頌，五九〇卷（新譯單本）未分品。

(15)靜慮波羅蜜多分，八百頌，五九一－五九二卷（新譯單本）未分品。

(16)般若波羅蜜多分，二千五百頌，五九三－六〇〇卷（新譯單本）未分品。

由此觀之第一會十萬多頌，為一殊勝大經尊重的思想，應在大方廣之先，初分文義豐富，共四百卷。第二分、第三分、第四分、第五分，漸趣簡略，共一百六十五卷，與初分四百卷經文相同，品目互異，或一品分為二，或二分合為一品，既分各殊，義則繁簡互出。第六分、第七分以至第十六分，凡三十五卷，文似初分例提綱要（般若綱要語）。

尚有《般若心經》為十六會中所不攝，得攝於《大品》〈習應品第三〉，《仁王般若》亦為《大般若經》中所不攝。漢譯諸種般若與《大般若》所不攝的般若部系，便於初機閱覽《般若》檢較起見，臚舉於後：

1. 小品般若

(1)《道行經》一卷一品，漢靈帝熹平元年（一七二年）竺佛朔譯缺。
(2)《般若道行品經》十（八）卷三十品，漢靈帝光和二年（一七九年）支婁迦讖譯存。
(3)《大明度無極經》六（四）卷三十品，吳權黃武中（二二三—二二八年）支識譯存。
(4)《吳品經》五卷十品，吳權，太元元年（二五一年）康僧會譯缺。
(5)《小品經》七卷，晉武帝泰始八年（二七二年）竺法護譯缺。
(6)《摩訶般若波羅蜜道行經》二卷，晉惠帝（二九〇—三〇六年）衛士度譯缺。
(7)《大智度經》四卷，東晉（三一七—四二〇年）祇多蜜譯缺。
(8)《摩訶般若波羅蜜鈔經》五（四）卷十三品，苻秦建元十八年（三八二年）曇摩蜱共竺佛念譯存。
(9)《小品般若波羅蜜經》十卷二十九品，姚秦弘始十年（四〇八年）鳩摩羅什譯存。
(10)《大明度經》四卷，北涼（三九七—四一八年）道龔譯缺。

⑾《大般若經》第四會十八卷二十九品，唐顯慶五—龍朔三年（六六〇—六六三年）玄奘譯存。

⑿《佛母出生三法藏般若波羅蜜多經》二十五卷三十二品，宋太宗（九八〇—九九七年）施護譯存。

⒀《佛母寶德藏般若波羅蜜經》三卷三十二品，宋太宗（九八〇—九九七年）法賢譯存。

2. 大品般若

⑴《放光般若波羅蜜經》二十（三十）卷九十品，西晉元康元年（二九一年）無羅叉譯存。

⑵《光讚般若波羅蜜經》十（十五）卷二一（二七）品，西晉太康七年（二八六年）竺法護譯存。

⑶《摩訶般若波羅蜜經》二十七（三十）卷九十品，姚秦弘始五年（四〇三年）鳩摩羅什譯存。

⑷《大般若經》第二會七十八卷八十五品，唐顯慶五—龍朔三年（六六〇—六六三年）玄奘譯存。

3.仁王般若

⑴《仁王護國般若波羅蜜經》二卷八品，姚秦鳩摩羅什譯存。

⑵《大唐新譯仁王護國般若波羅蜜多經》二卷八品，唐永泰元年（七六五年）不空譯存。

4.金剛般若

⑴《金剛般若波羅蜜經》一卷，姚秦弘始四年（四〇二年）鳩摩羅什譯存。

⑵《金剛般若波羅蜜經》一卷，北魏永平二年（五〇九年）菩提流支譯存。

⑶《金剛般若波羅蜜經》一卷，陳天嘉三年（五六二年）真諦譯存。

⑷《金剛能斷般若波羅蜜經》一卷，隋大業（六〇五—六一六年）達摩笈多譯存。

⑸《能斷金剛般若波羅蜜多經》一卷，唐貞觀二十二年（六四八年）玄奘譯存。

⑹《佛說能斷金剛般若波羅蜜多經》一卷，唐長安三年（七〇三年）義淨譯存。

5.般若心經

⑴《摩訶般若波羅蜜大明咒經》一卷，姚秦弘始四—十五年（四〇二—四一三年）鳩摩羅什譯存。

⑵《般若波羅蜜多心經》一卷，唐貞觀二十三年（六四九年）玄奘譯存。

(3)《佛說般若波羅蜜多心經》一卷，唐中宗（七〇五－七〇九年）義淨譯存。
(4)《般若波羅蜜多心經》一卷，唐長壽二年（六九三年）菩提流志譯缺。
(5)《摩訶般若髓心經》一卷，唐中宗（七〇五－七〇九年）實叉難陀譯缺。
(6)《普遍智藏般若波羅蜜多心經》一卷，唐開元二十六年（七三八年）法月譯存。
(7)《般若波羅蜜多心經》別本一卷，唐開元二十六年（七三八年）法月譯存。
(8)《般若波羅蜜多心經》一卷，唐貞元六年（七九〇年）般若共利言等譯存。
(9)《般若波羅蜜多心經》一卷，唐大中（八四七－八五九年）智慧輪譯存。
(10)《聖佛母般若波羅蜜多經》一卷，宋太宗（九八〇－九九七年）施護譯存。
(11)《般若波羅蜜多心經》一卷，唐（？）法成譯存。

6. 濡首般若

(1)《濡首菩薩無上清淨分衛經》二卷，漢靈帝中平五年（一八八年）嚴佛調譯缺。
(2)《濡首菩薩無上清淨分衛經》二卷，宋（四二〇－四七八年）翔公譯存。
(3)《大般若經》第八會，唐龍朔三年（六六三年）玄奘譯存。

7. 文殊般若

(1)《文殊師利所說摩訶般若波羅蜜經》二卷，梁天監中（五〇六－五一一年）曼陀羅仙譯存。

(2)《文殊師利所說摩訶般若波羅蜜經》一卷，梁天監普通（五一二—五二〇年）僧伽婆羅譯存。

(3)《大般若經》第七會二卷，唐龍朔三年（六六三年）玄奘譯存。

8. 勝天王般若

(1)《勝天王般若波羅蜜經》七卷十六品，陳天嘉六年（五六五年）月婆首那譯存。

(2)《大般若經》第六會八卷十七品，唐龍朔三年（六六三年）玄奘譯存。

9. 理趣般若

(1)《大般若經》第十會一卷，唐龍朔三年（六六三年）玄奘譯存。

(2)《實相般若波羅蜜經》一卷，唐龍朔三年（六六三年）菩提流志譯存。

(3)《金剛頂瑜伽理趣般若經》一卷，唐長壽二年（六九三年）金剛智譯存。

(4)《大樂金剛不空真實三摩耶經》〈般若波羅蜜多理趣品〉一卷，唐開元八—大曆九年（七二〇—七七四年）不空譯存。

10. 大般若

(5)《佛說遍照般若波羅蜜經》一卷，宋（九八〇—九九七年）施護譯存。

(1)《大般若波羅蜜多經》六百卷二百七十五品，唐顯慶五—龍朔三年（六六〇—六六三年）玄奘譯存。

以上從《小品》至《大般若》，總共譯出十種《般若》。此外，尚有宋施護之《佛說了義般若波羅蜜多經》一卷、《佛說五十頌聖般若波羅蜜經》一卷、《佛說帝釋般若波羅蜜多心經》一卷、《佛說聖佛母般若波羅蜜多經》一卷，天息災之《佛說聖佛母小字般若波羅蜜多經》一卷、《佛說觀想佛母般若波羅蜜多菩薩經》一卷，惟淨等之《佛說開覺自性般若波羅蜜多經》四卷等；唐般若三藏之《大乘理趣六波羅蜜多經》十卷，宋法賢之《佛說最上根本大樂金剛不空三昧大教王經》七卷等；名目雖諸多不同，但均屬般若部系之系統，或曰為雜部般若類攝，尚有《仁王般若經》，依天台、圓測等疏，此經前後共有三譯：

(一)《仁王般若經》二卷，晉永嘉（三〇七—三一二年）竺法護譯。

(二)《佛說仁王護國般若波羅蜜經》二卷，姚秦弘始三年（四〇一年）鳩摩羅什譯。

(三)《仁王般若經》一卷，梁大同（五三五—五四五年）真諦譯。

俱有確實譯記。《般若心經》依梁僧祐《出三藏記集》，為失譯有本者，《摩訶般若波羅蜜神咒》一卷，未見於部錄之《般若波羅蜜偈》一卷。《武周刊定眾經目錄》中有吳支謙傳譯密咒等語。

般若內容

各種般若均如上說，若依大、小般若成立先後而言，以《小品般若》為最古之經典。《小品》有梵漢多種異本，梵本除去首尾附加的部分，本文雖有若干的出入，然大體酷似施護譯本。若確定梵本年代，當為一〇六一年，施護譯本於九八〇年傳來。殆與梵本年紀近邇。此經原本出於第十世紀，尚保存於世，但已異於原來古本矣。玄奘譯《大般若經》第四會，除〈隨順品〉以下，殆近於《八千頌》梵本。支讖、支謙、曇摩、羅什所譯之四本，相互同類，均以先出《道行經》為範本，《明度》僅為修文整肅，故稱為「鈔經」，並無若何特色。羅什所譯《道行》諸多類似，但亦異於原本。故現存六本《小品》中，支讖、羅什、玄奘、施護譯本所依各別，以先出者近於原始，後譯未必捨去。以先人抄略，後人不得不加以修補，如玄奘補譯〈常啼〉以下諸品，殆全得之於《小品》，從大體上說，《道行經》盡為傳古。

所謂古經，《大品》次於《小品》，以《小品》為最古，《大般若經》為增廣部屬，其內容概要略見於前。就中第九〈能斷金剛分〉，即《金剛般若》，依嘉祥《大品遊意》，所舉從眾乞食等事及所得慧眼未曾得聞等文，附見《大品》。從其內容及形式而言，則《金剛般若》與《道行經》都近似古經。《道行經》與《大品》或為同時成立，或略後耳？《大般若經》第一會，十萬多頌，富有大經尊重的思想，應在大方廣先出。第六會以後諸經，殆為上述各部中一增減之副產品。第十會〈般若理趣分〉，為最新經，以此為基礎，遂有《實相般若》及《般若理趣經》，乃至《般若波羅蜜經》次第續出，此殆為一系脈之經。宋代新譯諸經，蓋於傳承間，原文漸次變化，當然異於先出。

三、般若弘傳之概觀

梵土弘傳

《小品般若》歷史變遷的跡象，顯為佛滅後，佛教經南天、西天於五百歲頃，流布於北方。佛滅後崇尚泥塑木像，正如《般若》所說極合乎當時流行的事實。又東行於犍陀羅獲得《般若》，亦合於流行的地區。《中阿含》以無諍三昧歸於族姓子須菩提，以彼解空超越，是故《般若經》以須菩提為說法主，以空的思想為中心闡揚般若。須菩提空的思想，只能盡其分析的作用，不能作為理智的建設。佛弟子中努力於理智建設的，為智慧第一的舍利弗，是故舍利弗常出座說法，以顯般若智慧。次為阿難、富樓那、目犍連、大迦葉等，讚說般若。五百比丘、三十比丘尼皆得阿羅漢，六十優婆塞、三十優婆夷皆受預流。大會中實際四眾較輕；梵天、帝釋、伊賒那[1]等欲色諸天反占重要。帝釋讚歎供養，並約為護法證明。須菩提與舍利弗，所說都是小乘般若，不是絕對無邊廣大甚深般若，是故大乘般若，要請大乘菩薩說。大智化身的文殊、彌勒等，以絕對平等智為因，宣揚本體空觀的甚深般若。彌勒為未來佛，地位較須菩提為重要，這都適合經中法數記事，亦復適合五百年頃初期《般若經》的內容，當時盛行此種經本，殆無疑問。

舍利弗雖為智慧第一，但未請為般若說法的主人，故第二《大品般若》成立，舍利弗與須菩提互競地位。《文殊般若》，以文殊、迦葉為重要。依照增語句義的增加及陀羅尼三昧字門諸法廣說，顯然《大品》後於《小品》。第四會妙行、第五會善現、第二會中二十四品都有顯著例子。道安〈道行序〉說：「假無《放光》，何由解斯經乎？」《大品》諸本廣行流通，殆近於六百年。自此以後，未經幾時諸本品類系部成立。佛滅七百年頃，有龍樹（Nāgārjuna）於雪山中獲諸大乘經典，返南天竺，造作諸種註釋。就中以《般若》為最；於《大品般若》，造優婆提舍十萬偈，此即羅什所譯《大智度論》。僧叡序說：「並三百二十萬言，梵夏既乖，又有繁簡之異，三分除二，得此百卷」，於是《大智度論》三十萬言。尚有《無畏論》，《中論》即屬其中一部，《十二門論》亦為菩薩所作，為三論之一，《中論》為龍樹學的中心。僧叡《中論》序謂：在天竺學大乘者，必須研究此論，註釋者頗多。曇影說有數十家註釋，河西道朗說有七十家註釋，於此可知其居於學說中的地位如何重要了。

龍樹門下有提婆（Āryadeva）、龍叫（Nāgāhvaya）、龍智（Nāgabodhi）、大釋迦友（Mahaśākyamitra）、舍婆離（Savarei）、尸迦婆（Singkhoapa）等名德。提婆造《廣百論》、《百論》及百論本偈，展開師說；其傳法於羅睺羅跋陀羅（Rāhulabhadra），《百論》為三論之一，羅睺羅之徒，為賓伽羅（Piṅgala，青目）作《中論釋論》，其徒為沙車王子須利耶蘇摩（Śūryasoma）、須利耶跋陀（Śūryabhadra），即鳩摩羅什的老師。在印度對抗龍樹、提婆等中觀空宗大乘學派，則有彌勒、無著等瑜伽有宗，彌勒製《金剛般若頌》（Aryasina），無著造《彌勒金剛般若釋論》及《順中論》，其徒世親（Vasubandhu）又造《金剛般若頌釋論》，其次清辨（Bhāviveka）造《般若燈論》。月稱（Candrakīrti）作《中論註》。安慧（Sthiramati）有《大乘中觀釋論》，並有依清辨《般若燈論釋》作根本論註者之佛護（Buddhapālita），為耽波羅人，西藏《中觀釋論》，多從佛護說。

以上所說的《中論》疏釋，現都存在。尤其提婆設摩（Devaśarman）、求那師利（Guṇaśrī）、德慧（Guṇamati）等都有釋論註疏流傳。要之，從原始《般若》成立乃至密教《般若》成立長遠期間，特別在龍樹以後，所謂依中觀派名目，對抗瑜伽派，其於印度是如何興隆般若的法門？從以上記載中而得知其概要矣！

漢地弘傳

般若傳譯於漢地，以後漢靈帝時，竺佛朔、支婁迦讖譯出《道行經》為起源。首講《道行經》的是曹魏朱士行，初於洛陽講《道行》，即感慨文理不暢，譯理未盡，故決志西行求法，終於于闐獲得梵本，即無羅叉等所譯《放光般若》。弗如檀、竺叔蘭、祇多蜜等都為傳譯此經的關係者，《大品般若》得以完本，實士行之功焉。支孝龍常披味《小品》，以為心要。《放光般若》譯出，龍披閱旬餘，即便開講。康僧淵常講《放光》、《道行》二經。竺道潛為晉哀帝於御前講《大品》，尤為晉室所重；其門人甚多，竺法蘊悟解入玄，尤善《放光般若》。

支道林專究《道行》，卓焉獨拔，得自天心；作有《道行指歸》、《即色遊玄論》、《釋即色本無義》等。于法開、于道邃，都善《放光》，尤以法開每與道林爭即色空義，道林對《小品》見解不及法開深徹。開之門人法威，悟理亦深，善於辯論，曾奉師命與道林辯論數十次，終使道林理屈不能伸。釋道安亦善《大品》，於樊沔十五載，每年講《放光》兩次，其於般若著作頗多；即如《光讚折中解》、《光讚抄解》、《般若折疑准》、

《起盡解》、《道行集異注》各一卷，《般若折疑略》二卷。現有〈道行經序〉、〈合放光光讚略解序〉、〈摩訶鉢羅若波羅蜜經抄序〉等。安公同學竺法汰於荊州斥道恆心無義，宜揚本無義，為簡文帝講《放光》，皈依者千餘眾。此外知名者尚有法雅、法和、法首、法常、法祚、法佐、僧惠、道進等。竺僧敷尤善《放光》及《道行》般若，著有《放光》、《道行》等義疏，其悟解徹微，雖前輩之道安、竺法汰，亦多推重。道安之徒，道種、道立、曇戒，法汰之徒，曇壹、道壹等，同為有名人物，皆講《放光》，以入空離繫為旨。談理雖有精粗，然皆以不逐文字，其德風高逸頗為當時朝野所重。各家所論宗要互異：宋曇濟作《六家七宗論》。梁寶唱援引為《續法論》，嘉祥《中觀論疏》抄錄之，即第一、道安「本無義」（單云本無宗，對本無異宗，說本無本宗）。第二、琛法師「本無義」（說本無異宗，琛法師傳有《中論》、《百論》疏）。第三、「即色義」（說為即色宗，關內有即色義及支道林即色義二家）。第四、溫法師「心無義」。第五、于法開「識含義」（識含宗），即三界大夢義。第六、壹法師「幻化義」（幻化宗），即世諦幻化說。第七、于道邃「緣會義」（緣會宗），即世有真無義。七宗中，除本無異宗，稱為六家。就中以道安、道林評為正宗。羅什東來，正當《放光》、《道行》般若盛行之時，羅什在印度承受中觀學系，所出《大小品》、《心經》、《金剛》，並《仁王》各般若外，又出龍樹、提婆釋論，盛唱空門般若，遂使般若光芒更高千丈。先依廬山道生、慧觀、慧嚴等，後都集中長安。僧肇、道融、僧叡、道生，競崇般若，尤以僧肇《寶藏論》、《肇論》，最得其精奧妙義。

若論般若部系，當以道林為始，於〈大小品對比要抄序〉中說，《小品》佛滅後從《大品》抄出，不過以文義段落分大小品，都同出於本品。本品之文有六十萬言，流行梵土。道安專究般若，對大小諸本、別本比較，都甚明瞭。道行序，說有三十萬言，殆為一萬頌。〈摩訶鉢羅若波羅蜜經抄序〉說，車師前部王的國師鳩摩羅跋提獻胡《大品》一部，四百二十牒，言二十千失盧（即首盧）。即審數之，凡十七千二百六十首盧，殘二十七字。以此名一萬八千頌，六十餘萬言《大品》。得說為二萬五千頌般若。再加千頌，則有四種。但道安不主張區別多種，應以歸一。故《鈔經》殆與《小品》無甚分別。《放光》、《光讚》、《道行》諸經都具備，羅什所傳部系更為詳細。僧叡於《小品》序說：十萬偈大本、六十餘萬言《大品》、三十餘萬言《小品》及六百偈經四種。依此可知道安鈔經原本一萬七千餘般若，並非別種。至南北朝，般若研究，顯被《涅槃》、《十地》、《華嚴》等新譯諸經所壓置。講般若學者，殆漸絕跡，註疏論義亦甚少出版。殆學者將般若併於《大論》、《中論》、《十二門論》、《百論》及《成實論》的研究。

《成實論》係訶梨跋摩所作，屬小乘部，為破毘曇有門故，羅什開端譯講，遂為大乘或分通大乘者，後為《般若》所壓，遂獨樹成實一派。南齊周顒篤宗《放光般若》，著《三宗論》，對「不空假名」之偏義，彰「空假名」義，以「假名空」義為般若正意。梁武帝經常講說《放光》，並選《大品》註解。於〈大品註解序〉說：當時般若部系頗多，於《仁王》中列舉《摩訶般若》、《金剛》、《天王問》、《光讚》四部，斷為偽經。並以《大品》勸說、命說、順說、信說、廣說的五段，擬義五時說數，但多數部系評為不當。道生之徒，有曇濟、道朗、僧詮及法朗相傳，至嘉祥（吉藏）大師，成為南地三論一派。吉藏貫通三論，著有論疏多種，《大品般若廣疏》十卷、《略疏》四卷、《遊意》一卷、《金剛般若疏》四卷、《略疏》一卷、《仁王經疏》三卷、《略疏》一卷。其門下有慧灌、慧朗、智凱、智命等諸德。北方則有僧叡等繼續般若四論的研究，以後學說不明。當地論宗盛行時，道場、慧影等，以《智論》為宗、淨土教為伴，南嶽、天台以《大論》、《中論》結成法華法門。修禪觀的人，亦得意於《般若》。然各自好奇標立，遂輕視《般若》為諸宗通依經論，此實不當。盛唐禪宗興起，無異代替《般若》，其實禪為禪、《般若》是《般若》，未可同日而語，是故《般若》不復像羅什未來以前為專究的趨勢。

般若部系，菩提流支說有八部《般若》，在其所譯《金剛仙論》謂，第一部十萬偈（《大品》），第二部二萬五千偈（《放光》），第三部一萬八千偈（《光讚》），第四部八千偈（《道行》），第五部四千偈（《小品》），第六部二千五百偈（《天王問》），第七部六百偈（《文殊》），第八部三百偈（《金剛般若》）。後人依此統合諸本，故玄奘三藏所譯六百卷《大般若》，實為根本《般若》與雜部《般若》之大集成。《大般若》為根本，則其他諸本《般若》，皆為《大般若》各會中所別出。

對於般若研究著作，因身邊無多藏書，所見甚少。《般若綱要》及《般若關法》都有助於閱讀，《綱要》對第二會至第五會與初會不同處，略有敘述，此為其特點，其他有關般若教史更少論及。

至此，殆可了知般若部系的概要；在弘傳方面，先受三論的影響，繼受禪觀性的天台宗影響；達摩東來後，又受禪宗的影響，此為最深且大。所以，《般若》在中土不復成為專宗獨派，反為各宗（特別是三論宗、天台宗、禪宗）共通的經典，大有始盛終衰之慨。六百卷《大般若》，固然不易受持，人都好簡，喜愛讀《金剛般若》、《心經》，故翻開大藏歷代註疏，則《金剛》、《心經》兩部講解與註疏，無慮數百部。其趨於文字般若，不重實相般若，於此益見，寧不慨夫！

註釋

❶伊賒那：意譯自在、眾生主。十二天之一，十方護法神王之一，護世八方天之一。

編後語

根據《般若心經思想史．自序》云：「三十九（一九五〇年）年冬，掩關閱藏，初閱《大般若》，即發現類似《心經》原文處……」可知此書是東初老人於一九五〇年在關房中所寫，先刊登在《人生》雜誌上，然後於一九五三年九月，由《人生》雜誌結集出版，封面是由當時的監察院長于右任先生題字，為此書增色不少。雖然東初老人自謙是：「出身農家，未受正軌教育，於佛學雖然稍有涉獵，但是仍未入堂奧。」事實上，東初老人專志於弘揚佛法，對於佛教史學的研究獨有專精。在他的晚年，深感護教弘法必須以歷史為基礎，還精心戮力地完成了《中日佛教交通史》、《中國佛教近代史》、《中印佛教交通史》三部鉅著，為佛學研究樹立了典範。

現有留存下來的《般若心經思想史》版本，一共有三種，包括：一九五三年人生雜誌社初版、一九七九年天華出版社同時發行的二版，以及一九八六年九月東初出版社出版的新四版。從各個年代出版的編輯形式、紙張材質、印刷裝幀的方式，可以感覺到時光的遞移、人事的變幻。從一九五三年初版以迄今日，出版的環境、編輯的觀念，也都起了絕大的變化。

法鼓文化基於保護佛教文化遺產的信念，特地參考各個版本，予以重新出版發行。一方面把書中拗口的部分，以及容易和白話文混淆錯讀的部分，加以訂正增刪，並且重新加以標點和註解，讓原文更符合現代人的閱讀習慣；另一方面，維持了那個時代文白夾雜的文風，以及東初老人個人文體的獨特韻味，讓讀者能夠完整地與作者思想對話。這次《般若心經思想史》的重新問世，恰逢東初老人示寂二十週年也是九秩冥誕，東初老人一生致力於佛教文化與教育的推廣，法鼓文化為紀念東初老人，在原書的既有規模當中，加入〈東初老人略傳〉，讓讀者也能夠體認到東初老人一生的懿行芳範。

《般若心經》全文僅二百六十字，經由東初老人的剖析和索解，開啟了前所未有的蹊徑，展開了宏觀的視野，讓我們對《心經》的教史、教義，重新索解。

《般若心經思想史》有著東初老人嚴謹的治學態度，在字裡行間卻也流露了東初老人對於人世的感慨和鍼砭，卷末語：「人都好簡……，其趨於文字般若，不重實相般若，於此益見，寧不慨夫！」尤為發人深省。在東初老人的晚年，曾經形容自己：「有家歸不得，天涯託孤蹤；余今年七十，無勢亦無能。」前兩句講人生的變幻無常，豈不正好做為

《般若心經》「五蘊皆空」的註解，不難體會到東初老人宗教生命的實踐歷程；後兩句則是《般若心經》「無智亦無得」的最佳寫照，讓我們能夠一窺其內證的境界和灑脫的胸襟。

今日重編《般若心經思想史》，遙想東初老人的懿行芳範，不禁更讓人興起「風簷展書讀，典型在夙昔」的思古之情。是為之記。

法鼓文化編輯室　謹誌

國家圖書館出版品預行編目資料

般若心經思想史 ／ 東初老和尚著. -- 二版.
-- 臺北市：法鼓文化, 2011.3
面 ； 公分. --（智慧海 ； 2）

ISBN 978-957-598-533-2（平裝）

1. 般若部

221.45 99012561

智慧海 2

般若心經思想史

著者／東初老和尚
出版／法鼓文化
總監／釋果賢
總編輯／陳重光
編輯／李書儀
封面設計／黃聖文
內頁美編／連紫吟、曹任華
地址／臺北市北投區公館路186號5樓
電話／(02)2893-4646 傳真／(02)2896-0731
網址／http://www.ddc.com.tw
E-mail／market@ddc.com.tw
讀者服務專線／(02)2896-1600
二版一刷／2011年3月
二版三刷／2017年11月
建議售價／200元
郵撥帳號／50013371
戶名／財團法人法鼓山文教基金會—法鼓文化
北美經銷處／紐約東初禪寺
Chan Meditation Center(New York, USA)
Tel／(718)592-6593 Fax／(718)592-0717

法鼓文化